中学生财经素养
教育教学实践指导用书

唐宇　李萍　苏聪丽 —————— 主编

王凤君 向小琴 易莎 许培培 孙学强 郑瑶 ————— 副主编

西南财经大学出版社

中国·成都

图书在版编目(CIP)数据

中学生财经素养教育教学实践指导用书/唐宇,李萍,苏聪丽主编.—成都:
西南财经大学出版社,2022.5(2023.8 重印)
ISBN 978-7-5504-5164-3

Ⅰ.①中…　Ⅱ.①唐…②李…③苏…　Ⅲ.①财政经济—素质教育—中
学—教学参考资料　Ⅳ.①G631

中国版本图书馆 CIP 数据核字(2021)第 237691 号

中学生财经素养教育教学实践指导用书

Zhongxuesheng Caijing Suyang Jiaoyu Jiaoxue Shijian Zhidao Yongshu

唐宇　李萍　苏聪丽　主编

策划编辑:何春梅
责任编辑:李才
责任校对:肖翀
装帧设计:冯单单
责任印制:朱曼丽

出版发行	西南财经大学出版社(四川省成都市光华村街 55 号)
网　　址	http://cbs. swufe. edu. cn
电子邮件	bookcj@ swufe. edu. cn
邮政编码	610074
电　　话	028-87353785
照　　排	四川胜翔数码印务设计有限公司
印　　刷	郫县犀浦印刷厂
成品尺寸	165mm×230mm
印　　张	10. 75
字　　数	161 千字
版　　次	2022 年 5 月第 1 版
印　　次	2023 年 8 月第 2 次印刷
书　　号	ISBN 978-7-5504-5164-3
定　　价	38. 00 元

财经素养是学生综合素养的重要组成部分。

"五育并举，融合育人"是新时代教育新体系的核心，是落实立德树人根本任务的内在机制，把财经素养的培育作为五育融合的切入口与落脚点，是成都市各学校推进财经素养教育的价值共识和实践要领。

2018年1月，中国财经素养协同创新中心首次正式发布《中国财经素养教育标准框架》（以下简称《标准框架》），这是我国首个财经素养教育标准，为中小学实践和推进财经素养教育提供了依据和实施的指南。

成都石室天府中学、成都市玉林中学、成都七中初中学校、成都高新区益州小学作为中国财经素养协同创新中心的基地校，在成都高新区政治教研员苏聪丽老师带领下，联合区内成都西藏中学、成都市中和中学、成都市教育科学研究院附属中学等"成都市财经素养基地校"一体化推进高新区财经素养教育实践研究，形成了一系列成果。

为了更好地提炼研究成果，高新区财经素养教育项目组编写了《中学生财经素养教育教学实践指导用书》。该书具有以下几个特点：

1. 德育载体

德育乃劳动教育、生活教育、知识教育、思想教育和情感教育的集合。该书遵循"学生为本、国家为重"的理念，将财经素养教育作为德育的有效载体，提出财经素养教育要以劳动教育为起点和手段，以德育为目标和方向，培养学生成为具有尊重劳动、公平交易、财富管理、义利统

一、家国责任等良好财经素养的社会化个人。引导学生习得创造财富的能力，形成正确的世界观、人生观、价值观。

2. 主题聚焦

从《标准框架》（高中）选取了"收入与消费""个人消费与规划""投资与风险""多层次的社会保障体系""制度与环境""财富与责任"六个学生感兴趣的热点主题进行区域解读。

3. 突出实践

该书贯彻了《标准框架》（高中）的理念，将框架与具体区域、学校的实践有机结合，使之形成闭环。该书体系完整，对学校开展财经素养教育具有较好的借鉴价值，也是区域联合教研的优质参考书。

中国传统文化饱含"财"与"德"。"君子爱财，取之有道""造福乡邻，恩泽后世"等思想历久弥新，相信项目组能进一步站在历史的维度上汲取中华优秀传统文化中的财经文化，把德育价值要求与学生财经素养教育有机结合起来，不断提升区域教师财经教育能力，引导学生树立正确的财富观。

谭文丽

成都市教育科学研究院副院长

2022 年 3 月

经济全球化背景下，财经素养已经成为各国公民综合素养的重要组成部分。近年来，新一轮课程改革持续推进，本轮课改中基础教育实践坚持以"立德树人"为根本任务，强调促进学生核心素养的培养，着力提升学生的综合素质。财经素养是学生综合素质的重要组成部分，需在基础教育实践中有序推进。

石室天府中学自建校起，开设了一系列特色课程，财经素养教育课程就是其中之一。学校从 2012 年起相继引进 JA 中国的"JA 经济学"、JA"学生公司"课程，并自主研发了校本课程"青年财经"。学校在中国财经素养协同创新中心指导下开展财经素养课题研究，唐宇、李萍先后担任财经素养课题负责人，带领石室天府中学财经素养教师进行财经素养教育研究。

2017 年成都市高新区四所学校——成都石室天府中学、成都市玉林中学、成都七中初中学校、成都高新区益州小学相继被评为中国财经素养协同创新中心的基地校。2019 年 9 月高新区成立财经素养教育项目组。项目组联合区内 4 所高中、2 所小学、1 所初中开展财经素养项目，一体化推进高新区财经素养教育实践。2020 年，成都高新区益州小学、成都七中初中学校、成都石室天府中学、成都市玉林中学、成都西藏中学、成都市中和中学、成都市教育科学研究院附属中学被成都市教育科学研究院评为"成都市财经素养基地校"。

高新区财经素养教育项目组在协同创新中心和成都市教育科学研究院的领导下开展财经素养教育，在石室天府中学校本课程"青年财经"的基础上结合各校教学实际，项目组核心成员以《标准框架》（高中）为指南，根据标准的"五维三标"，从《标准框架》（高中）选取了 6 个主题——收入与消费、个人消费与规划、投资与风险、多层次的社会保障体系、制度与环境、财富与责任进行区域解读，形成了 9 课内容，编写了《中学生财经素养教育教学实践指导用书》。

该书是一线老师的实践成果，选题都是学生感兴趣的。同时该书在《标准框架》（高中）的指导下，遵循协同创新中心倡导的"学生为本、国家为重"的理念，以劳动教育为起点和手段，以德育为目标和方向，将劳动教育、生活教育、思想教育和心理教育相结合，培养学生成为具有尊重劳动、公平交易、财富管理、义利统一、家国责任等良好财经素养的社会化个人。本书贯彻了框架的理念，将框架与具体区域、学校的实践有机结合，有效避免了一线教师选用教师用书的零散性和随意性。该书也是区域联合教研的一种尝试，并在多校进行实践。该书有完整体系，可以作为学校开展第二课堂的参考用书，对于学校进行财经素养教育教学实践具有很好的借鉴价值。

唐宇

2022 年 3 月

目 录

主题一

收入与消费

[主题解读]

1. 理论依据

根据中国财经素养教育协同创新中心发布的《中国财经素养教育标准框架》（高中）"维度一：收入与消费"中"结构一：劳动与个人收入"展开。

习近平总书记指出，要在学生中弘扬劳动精神，教育引导学生崇尚劳动、尊重劳动，让学生了解获取正当收入和创造财富的重要性，明白只有通过辛勤劳动才能在创造财富的同时实现个人价值和社会价值，从而引导其树立正确的劳动观和财富观，成长为担当民族复兴大任的时代新人。

2020年7月教育部印发的《大中小学劳动教育指导纲要（试行）》针对高中生强调，要围绕丰富职业体验，开展服务性劳动和生产劳动，理解劳动创造价值；要培养职业兴趣；要养成吃苦耐劳、精益求精的品质，增强生涯规划的意识和能力，强化社会责任意识和奉献精神。

2. 现实依据

高中阶段是青少年世界观、人生观和价值观形成的关键时期。随着互联网的发展，西方一些不良思潮给人们的思想带来极大的冲击，尤其对青少年思想观念的负面影响日趋凸显。当前，部分青少年出现了不珍惜劳动成果、不想劳动、不会劳动的现象，对劳动和财富的认识产生偏差，对追求财富与劳动之间的关系产生误解，对简单劳动和复杂劳动所创造的价值认识不清——这些问题亟待通过教育来解决。而财经素养教育正是解决这些问题的重要手段，它以劳动教育为起点和手段，以德育为目标和方向，是促进学生德智体美劳全面发展的重要路径。

同时，在高中阶段对学生进行职业生涯规划的教育尤其重要。随着当前新一轮课改实践的推进，强调中学阶段必须加强中学生的职业生涯规划教育，促进学生习得自身终身发展的必备品格和关键能力。这一阶段职业生涯规划教育主要是强调培养学生的职业生涯规划意识，帮助学生更好地全面认识自我与社会，引导学生初步做好职业生涯规划管理等，助力学生走好人生的每一步。

第一课　劳动创造财富

一、课前准备

(一) 资料准备

1. 教师准备

（1）准备劳动教育问卷调查表，并进行调查；

（2）准备上课的相关案例素材、视频资源；

（3）提前将学生分组，并选出各组组长。

2. 学生准备

（1）如实填写问卷；

（2）阅读学案上的相关素材。

(二) 教学设计

1. 教学目标

（1）必备知识目标：了解马克思主义财富观、劳动观的相关知识，掌握财富的含义、劳动的含义，正确掌握财富与劳动之间的关系。

（2）关键能力目标：通过对不同财富观、劳动与财富关系的认识和理解，培养辨析能力，认识到只有辛勤劳动才能创造财富，幸福生活要靠奋斗，提升推理思辨能力。

（3）财经素养目标：通过正确认识物质财富、精神财富，以及劳动、财富与幸福的关系，树立正确的劳动观和财富观。

（4）核心价值目标：立德树人。让学生在思辨和探讨中明白，合法的、辛勤的劳动才是获得和创造财富的正确途径。

2. 教学框架

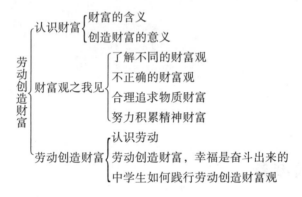

3. 教学重难点

（1）物质财富与精神财富；

（2）劳动与财富的关系。

4. 教学建议

（1）课前观看视频《劳动铸就中国梦》的精彩片段；

（2）利用名言警句、财富小故事等素材进行深入分析；

（3）通过分组讨论、案例解析等形式开展。

二、课程中的教学安排

（一）核心知识点一：认识财富

【学习目标】理解什么是财富，创造财富对于个人和家庭有何意义。

【判断导入】下列都是财富吗？有什么区别？

食物、衣服、房子、车子、著作权、专利权、科技成果、发明权、家训

1. 财富的含义

对于财富的含义，不同学者有不同的观点，古今中外的学者从使用价值、货币、价值和知识角度进行了解读。本章中所说的财富是指客观上能满足人的需要或者主观上能够使人愉悦或舒畅的东西，包括物质和精神两方面。

2. 创造财富的意义

【学生讨论】

"穷则独善其身，达则兼济天下。"请结合孟子的这句话谈谈创造财富对个人和社会的意义。

"穷则独善其身，达则兼济天下"，意思是：一个人在不得志的时候，也要洁身自好，注重提高个人修养和品德，注重精神财富的培养和积累；一个人在得志显达的时候，要想着造福天下百姓，积极创造物质财富和精神财富，从而造福全社会。

创造财富的意义体现在三个方面：

（1）对个人来说，个人通过劳动追求和创造财富，一定程度上能满足个人的生存和发展需要，让自己拥有更舒适的生活环境和物质条件，也能够让自己的精神世界更加充实，即在不断提升自己的同时，能够给他人和社会赋能，进一步实现社会价值。

（2）对家庭来说，虽然物质财富的保障是家庭存在的基础，合理地追求物质财富能提升家庭的生活质量和幸福感，但精神财富的拥有才是一个家庭幸福的根本所在。家训、家规等精神财富的传承和创造能让整个家族延绵不息，更加温暖和谐。

（3）对于社会而言，社会的发展离不开每一个人的贡献，而人民通过自己的劳动创造的物质财富越丰富，社会的物质财富就会积累得越多，人民的生活就越能得到改善，更能进一步推动社会和谐稳定发展。人民创造的精神财富越多，就越能推动社会形成健康、有序、有底蕴的良好风气。

（二）核心知识点二：财富观之我见

【学习目标】

——了解不同财富观；

——当今社会不正确财富观的表现;

——合理追求物质财富;

——努力积累精神财富。

1. 了解不同财富观

【名言警句展示】

君子爱财,取之有道。——佚名《增广贤文》

富贵不能淫,贫贱不能移,威武不能屈,此之谓大丈夫。——孟子《孟子·滕文公下》

仁者以财发身,不仁者以身发财。——《大学》

财富就是具有使用价值的东西。——古希腊哲学家色诺芬

财富就是货币,货币就是财富。——西欧重商主义者

思考:什么是财富观?结合以上名言警句谈谈你的财富观。

财富观是人们对财富的认识及如何获取和创造财富的观点和看法。不同的人对财富的认识是不同的。一般的人认为幸福与物质财富和精神财富都有关,人们总是先从基础的物质需求开始,再逐步到高层次的精神需求,追求一种幸福的体验。

2. 当今社会不正确财富观的表现

(1)重视物质财富轻视精神财富

改革开放以来,伴随社会生产力的发展,物质财富积累越来越多,而市场经济的逐利性、享乐性也日渐盛行,人们对金钱、地位的渴望也越来越强烈,有的青少年常常以拥有尽可能多的物质财富为人生目标,常常以"富二代""官二代"身份自傲,大兴攀比之风,炫富比阔。在他们看来,财富等同于金钱,金钱等同于成功,因而只重视物质财富而不重视精神财富。

（2）重视享受财富轻视创造财富

拆迁暴富后的小伙

28岁的小伙子小钱来自农村，在一个小公司上班，一直梦想着一夜暴富。有一天老家传来消息，家里的老宅要拆迁，赔偿款约为人民币500万元，小钱高兴得不得了，他心里想着自己上班每个月工资2 000~3 000元，一年不到4万元，还累死累活的，有了500万元谁还上班？小钱很快把工作辞了，回到老家，买了新房、新车，还剩400万元。小钱心想守着这400万元，这一辈子再也不愁了。慢慢地，他觉得生活没有了动力，"总感觉缺少刺激"。一次小学同学聚会后，同学邀请小钱一起凑局打牌。从那之后，这伙人聚餐聚赌成了常态。依仗丰厚家底，小钱出手大方。打牌有输有赢，但他总感觉手气差，输多赢少。即便随身带的钱财全输光，他仍不想罢手。不多久400万元都被输光，还欠债80万元。像小钱这样的例子不少，有一拆暴富的，也有中彩票暴富的，他们挥霍浪费，导致过上悲惨人生。

国外一家机构的调查显示，近20年来欧美的大多数头奖得主在中奖不到5年内，因挥霍无度等原因变得穷困潦倒。该调查显示，美国彩票中奖者破产率每年高达75%，他们所中巨额奖金带来的并不是不愁吃喝的下半辈子——如果只是享受财富，不懂得创造财富，再多的财富也会被挥霍掉。

经济全球化促进了国际分工和世界经济多极化发展，给各国经济带来了更多的便利。在我国改革开放之后，社会财富和个人财富不断增加，人们的钱袋子也逐渐鼓起来，享受到经济全球化和改革开放的红利。但是，经济全球化同时也给各国的政治、文化、社会等方面带来负面影响，特别是人们的思维方式受到极大的冲击，人们的财富心态出现了失衡，表现为总幻想着一夜暴富的浮躁。在社会上，一些人不想踏踏实实地通过自身劳动去创造财富，觉得单纯通过自己的努力走上富裕之路太慢太难了，于是异想天开地盼望着一夜暴富。一夜暴富这种思想到头来往往是竹篮打水一场空，持这种思想的人只能活在幻想之中。财富的获得必然通过个人辛勤劳动和正当工作，不切实际的想法只会让个人走入深渊、毒害社会。因此，要正确看待财富，用自己的知识和劳动获得的财富才是可靠的。

"啃老族"现象

啃老族（又称"吃老族""傍老族"），是指一些不升学、不就业、不进修，没有任何经济来源，衣食住行完全依赖父母，终日无所事事的年轻人。"啃老族"一词最早使用于英国，之后渐渐地在其他国家使用。

小张是典型的啃老族，因为是独生子女，从小受父母溺爱，除了读书，不做任何家务劳动，小张所提的任何要求父母也是想方设法满足。大学毕业后连找的几份工作小张都不满意，最后勉强找到一份如意的工作，但习惯了父母的迁就、伺候，小张在工作中干得很不顺心，最后小张索性就不出去工作了。父母怎么劝也不听，小张认为反正父母有退休金，于是心安理得待在家里"啃老"。结婚后，妻子也没有工作，孩子出生后便由小张的父母照顾，两个老人的退休金要养活5个人，小张父母有病也不敢就医。因为自己的溺爱孩子最终成了一个一事无成的人，小张父母也是后悔不已。

思考：你如何看待"啃老"现象？

伴随着中国经济的发展、家庭财富的增加，越来越多的啃老族相继出现，过度安逸的家庭养育环境成为"啃老"的温床，就业的竞争压力让年轻一代心安理得地享受着父母创造的物质财富，而不愿意出去工作，这都是重视享受财富却轻视创造财富的表现，体现出不正确财富观。

3. 合理追求物质财富

管道的故事

从前有一个偏远的小山村，这里没有水井，村民要吃水必须到村外很远的地方去打水。村里住着两个好朋友，他们的名字分别是帕保罗和布鲁诺，两人都梦想有美好的将来，能成为村里最成功的人，他们都不怕辛苦，默默寻找机会实现他们的目标。

　　有一天，机会来了。村领导决定雇用两个年轻人，把山上的泉水通过峡谷运到村里来，报酬按照他们运水的数量计算。帕保罗和布鲁诺非常高兴，他们开始了工作，每天从早到晚提着水桶来往于山泉和村庄之间，他们的收入也越来越多。布鲁诺非常满意现在的工作，并想着要换更大的水桶，这样来回可以提更多的水，也会有更多的报酬，这样他很快就能实现买奶牛、住大房子的梦想。而帕保罗则不满足于现在的工作，他希望能找到更轻松、更省力的方法把山泉水引进村里来。有一天帕保罗终于想到了一个办法，他打算建一条管道，把山泉水引到村里来，有了这条管道之后，他就能将更多的水运到村里，而不需要每天提着水桶，来往于山泉和村庄之间。

　　他将这个想法告诉了好朋友布鲁诺，并希望他和自己一起建造管道，可布鲁诺认为帕保罗简直疯了，每天提水已经很累，建管道会更加辛苦，短时间内也换不回报酬，不知猴年马月才能建成，也有可能一辈子都建不成，这还会拖延他买奶牛和房子的梦想实现，坚决不能做。于是帕保罗决定一个人建管道。他知道建管道非常不容易，要付出许多的时间和精力，需要好几年才有可能完成，其间还会遇到各种困难，可是他坚信建管道是正确的决定，这给他、给全村人喝水带来的好处是一劳永逸。一想到这个目标他就兴奋不已。他盯着自己的目标，每天像以前一样，用水桶运水，但是在周末和业余时间里，他开始挖地，铺设他的管道。第一个月，他的工作进展并不明显，布鲁诺和其他村民都嘲笑他，可是他人的嘲讽并没有阻碍帕保罗的决心。一个月，两个月……一年，两年……在这段时间里布鲁诺的报酬增加了一倍，他买了奶牛，建了更大的房子。他的生活方式也改变了，工作之后他会到酒吧好好享受，他心里暗暗嘲笑帕保罗修建管道的愚蠢行为。可是，慢慢地，布鲁诺发现自己背驼了，身体疲惫不堪，能提的水越来越少，而帕保罗提水的身影也越来越少见，村民告诉他帕保罗在忙着建造他的管道，而且管道马上要建成了。

> 直到有一天在布鲁诺因为身体原因把提水的大桶改为小桶时，帕保罗的管道终于建成了，他不再需要用水桶把水提到村庄里了。现在，帕保罗比以前赚到了更多的钱，无论他睡觉、吃饭还是度假，管道里的水都在源源不断地流进村庄，他也因此获得源源不断的收入。由于他独到的眼光、毅力和辛勤工作，帕保罗实现了财务自由。现在，只要有水从他的管道里流出来，他的收入就会源源不断。帕保罗现在有了更多的时间做自己喜欢做的事情。

问题一：什么是财务自由？结合故事谈谈你的看法。

问题二：追求财务自由是否就是拜金主义？

（1）财务自由

观点呈现：对财务自由的定义，有不同的观点。

观点1：个人财务自由是指个人按照一定规则自主支配自己的资产并且能够取得最佳的运用效益。

观点2：财务自由指为兴趣而工作，保持财产性净现金流入，保有一定量的净资产，拥有身心自由。

观点3：财务自由是指人无须为生活开销而努力工作赚钱的状态。简单地说，一个人的资产产生的被动收入至少要等于或超过他的日常开支，如果进入这种状态，就可以称之为财务自由。

观点4：天使投资人李笑来认为：我们要的自由，其本质不是财富，财富只是工具；我们要的自由，本质上是时间自主权。因此他提炼出财务自由的定义——所谓"个人财务自由"，是指某个人再也不用为了得到生活必需品而出售自己的时间了。

观点5：《富爸爸，穷爸爸》系列书籍的主要作者罗伯特·清崎认为，财务自由有四个衡量标准：不必为钱而工作；保持财产性收入的净现金流入；增加被动收入；保持一种平和的心态。

综合以上观点，我们认为：财务自由，首先是通过合法劳动获得一定收入，在此基础上通过科学的物质财富管理最终实现有自由的时间追求自己向往的生活的状态。用一句话概括，就是在物质财富保障的情况下，实现身心自由。

在《管道的故事》中，帕保罗和布鲁诺一开始都在做提水的工作，他们努力工作，获取财富，而帕保罗并不满足于做提桶人，而是默默从村头建了一条管道进村，管道建成后，他便拥有持续的收入，最终拥有自己自由支配的时间，不再担心失去工作会导致生活困难。积极修建管道，获取持续收入，从而实现自由人生便是我们的目标。

（2）追求财务自由也是合理追求物质财富

我们认为追求财务自由其实就是合理追求物质财富。一提到追求财富，许多人就会将它与拜金主义等同。其实二者是不同的。所谓拜金主义，就是盲目崇拜金钱，把金钱看作最高价值标准，一切都要服从于金钱的观念和行为。其表现为"金钱至上""为了追求金钱不择手段"等。

在当今市场经济条件下，金钱不能解决我们所有的问题，它不是万能的。但没有钱也是万万不能的，金钱应该用于人们的成长、发展，以及谋求更多的福祉。金钱能为我们的家庭、社会、国家尤其是那些需要援助之人做很多事。个人正当、合法获取财富既有利于个人，又有利于社会。

追求财务自由不只追求物质财富，更强调追求物质财富与精神财富的统一。财务自由的真实含义不是钱的自由，而是人的自由，与其说追求财务自由，不如说是在追求选择自由，摆脱金钱的束缚，拥有不为钱而焦虑的自由人生，能遵从内心的指引，去追求个人认为有意义、有价值并且热爱的生活。追求财务自由与追求有意义的生活也是一致的。因此，追求财富不等于拜金。

4. 努力积累精神财富

杨家三代的故事

75岁的杨常明是武汉市武昌区积玉桥街道融侨华府社区的一名退休党员。杨常明的爷爷杨仁叔是四川南充首位拿到烈士证书的著名烈士，曾任中共川东特委组织部部长、代理书记。

杨仁叔出生于四川省西充县一个富裕的农民家庭。因不满地主恶霸欺压百姓，1923年他不顾父母反对外出求学。由于受到新文化运动的影响，杨仁叔立志通过自身努力去振兴中华民族。1927年杨仁叔投身革命，1931年，被国民党侦缉队抓捕。敌方挖空心思对其诱降，杨仁叔严词拒绝："你去做你的官，我当我的囚犯。我愿做共产党的鬼，不做国民党的官。"就义前杨仁叔高呼"共产党万岁！"年仅27岁。

接过爷爷手里的接力棒，父亲杨邦霖也积极参加革命，为党和国家做出奉献。杨邦霖1949年加入中国共产党，1950年加入中国人民解放军，任南充军分区民连科助理、随军记者，同年9月参加抗美援朝战争。

革命先烈的精神激励着杨家后人。自打杨常明记事起，他的父亲就时常向他讲述爷爷杨仁叔的故事，教育他要时刻牢记历史，践行革命精神。如今杨常明把这份信念传承给他的子孙后代。"我们一家人都是共产党员，我时常把爷爷的故事讲给他们听，希望他们也能把这份精神继续传承下去。"在他的影响下，现在孩子们在各个领域扎根岗位，报效国家。古稀之年的杨常明也继续发挥余热，通过讲党史、教书法，为社区做贡献。

问题：杨仁叔的革命精神激励着杨家后人，这是不是一笔宝贵的精神财富？

杨仁叔从小立志为民族振兴而奋斗，也用一生去践行了自己的信仰，在就义前还保持了一个革命者的高尚品质和信念。这份爱国、奉献精神深深影响了子孙后代，促使他们一代代将此精神传承下去，这是一笔宝贵的精神财富，是推动杨家后人矢志不渝地扎根工作岗位、为国家做贡献的精神力量。

（1）了解精神财富的内容

精神财富是一种无形的东西，像真正的财富一样宝贵，但不会随着时间的推移而贬值。精神财富不仅包括著作权、商标权、专利权等从事智力活动所取得的成就，还包括更加丰富的内容：

①信仰和信念。信仰和信念是支撑一个组织或者个人不断前进的精神

支柱，有了这个支柱，就能冲破困难，迎难而上。如早期的中国共产党人的马克思主义信念，促使一批批革命者为建立新中国不断奋进，这个矢志不渝的信念就是宝贵的精神财富。

②意志力。人的意志力是通过做事情的耐力和毅力来表现的，也就是我们常说的坚强还是软弱，坚韧还是脆弱。红军战士翻雪山、过草地最终完成二万五千里长征，靠的就是顽强的意志力。他们所表现的"长征精神"就是精神财富。

③知识。我们从日常生活中、从书本、从父母和老师的言传身教中获得的各种知识、技能与本领，也是宝贵的精神财富，让我们能够自如地应对人生中遇到的难题，规避陷阱。

（2）如何积累精神财富

钱氏家族的故事

1955 年，美国《洛杉矶时报》《帕萨迪纳晨报》共同报道了一则新闻——《火箭科学家今日返回中国》。这位科学家，就是中国航天事业的奠基人——钱学森。

他，一个人顶得上五个师，心心念念回到家乡报效祖国，却在归国途中遇到美国当局阻挠，在狱中遭受了五年的精神伤害。回国后，他组建了火箭导弹研究所，并参与了第一个自行设计的中近程导弹和中国第一颗人造地球卫星的研制，直接领导了中近程导弹运载原子弹的"两弹结合"实验。"中国航天之父""中国导弹之父""火箭之王"……这些荣誉都不足以表达他对中国做的贡献。

2017 年，钱学森长子钱永刚在湖南卫视《儿行千里》节目中，曾提到《钱氏家训》对钱家家风的影响。他分享了钱学森先生的读书习惯。钱先生从读研究生到后来当老师，一直都保持着一个习惯：每次吃完饭以后都要看一会儿书。几十年不变的习惯，也成为他与别人约定俗成的规定。钱永刚认为，《钱氏家训》的核心有两点：一是"要有为"，二是"守底线"。好的家训家风让人如沐春风，随着时间的流逝，将影响人的一生。

　　众人皆知，钱氏家族出大家。国务院原副总理、外交部部长、外交家钱其琛，水利水电专家钱正英，中国航天之父、中国导弹之父钱学森，中国原子能科学之父钱三强，中国"五四"新文化运动的倡导者之一钱玄同，中国学术界"一代宗师"钱穆，中国现代著名作家、文学研究家钱钟书，诺贝尔化学奖获得者钱永健……钱氏能够人才辈出，与家族良好的家训家风不无关系。

　　问题：钱氏家族的子孙人才辈出给了我们什么启示？《钱氏家训》起到了什么作用？

　　家庭教育是一切教育的基础，家风正则世风正，良好的家风家训能激励人修身养性、积极奋进，养成良好的习惯和优秀品质。钱氏家族人才辈出，与其纯正的家训家风密切相关。《钱氏家训》中的"要有为"和"守底线"两个核心精神贯穿了钱氏子子孙孙的一生，促使他们努力积累精神财富，奋发学习，为国效力。

　　积累精神财富的方式总结起来有以下三种：

　　①前辈人的言传身教。师者，所以传道授业解惑也，我们除了从学校老师处获取知识之外，家人传授的做人做事的道理，家训家风的传承也是精神财富的重要来源，其能够帮助我们树立人生信念。

　　②个人进行各种实践时的体悟和锻炼。我们从出生的第一天开始直到离开的最后一天，都处于"实践—认识—再实践"的循环往复的过程中。其中在实践到认识的过程中，要不断总结体悟经验教训，这种体悟就是不断积累精神财富。

　　③对古今中外书籍的阅读。"书中自有黄金屋，书中自有颜如玉。"书籍是前人经验和实践的总结，蕴含了各个领域的知识以及为人处世的道理，阅读书籍就是积累精神财富的重要方式。

　　（三）核心知识点三：劳动创造财富

　　【学习目标】

　　——认识劳动；

　　——劳动创造财富，幸福是奋斗出来的；

——中学生如何践行劳动创造财富观。

【材料呈现】在 2015 年五一国际劳动节前夕，一场盛大的全国劳动模范和先进工作者表彰大会在人民大会堂举行，中央政治局七位常委悉数出席，规模之大、规格之高为近年来罕见。当天习近平总书记的话语给人留下深刻印象。在新华社五一前后的系列报道中，有一篇评论值得我们思考：劳动的形式有千万种，什么样的劳动更有价值？掌管着一个商业帝国的商业大亨，和每天骑着电动车飞奔的快递小哥，谁的劳动更值钱？

讨论：你如何看待材料中的问题？

随着社会的发展和分工的细化，劳动的概念和价值也在发生变化。我们要重视体力劳动和简单劳动，更要重视高新技术、互联网和大数据等专业领域的脑力劳动和复杂劳动。劳动的价值也不局限于以直接成果和报酬来体现，而有了更加多元、深刻的视角，如创造社会价值、做出社会贡献等。习近平总书记曾说，无论是体力劳动还是脑力劳动，都值得尊重和鼓励；一切创造，无论是个人创造还是集体创造，都值得尊重和鼓励。在高速发展的新时代，我们有必要更深入地认识劳动，让自己的劳动更加体面。

1. 认识劳动

（1）简单劳动和复杂劳动

简单劳动：在一定的社会条件下不需要经过专门训练，每个普通劳动者都能从事的劳动。

复杂劳动：需要劳动者经过专门学习和训练，具有一定技术专长才能从事的劳动。在商品生产的同等时间里，复杂劳动可比简单劳动创造更多的价值。

随着科学技术和生产力的飞跃发展，劳动质量和劳动对象不断演变，科技在社会生产力发展中起着越来越重要的作用，人们的劳动也出现了质的飞跃。在知识经济时代，电子、信息技术革命使社会生产力发展到了一个更高阶段，社会分工无论是在广度还是深度上都出现了惊人的变化，一些机械式的简单劳动逐渐消失，新的分工正在形成，对劳动者提出了更高的要求。劳动者或是必须按照高新技术要求进行操作，或是需要借助电子仪器去制造产品，这就要求劳动者在具有健全的体格进行简单劳动之外，还必须具备相应的技术水平和能力去从事复杂劳动。当前，我国已经实现了从站起来、富起来到强起来的历史性飞跃，中华民族伟大复兴更需要增强社会活力、促进科学技术的发展。特别是全国职业教育大会上所倡导的"加快构建现代职业教育体系，培养更多高素质技术技能人才、能工巧匠、大国工匠"思想，对于全社会的用工提出了更高的要求。显而易见，以手工劳作、人工运用为特点的简单劳动在生产中创造的价值，远远低于以知识和技术为核心的复杂劳动所创造的价值。

（2）体力劳动和脑力劳动

【材料呈现】 体力劳动强度分级

Ⅰ级体力劳动

8小时工作日平均耗能值为3 558.8千焦耳/人，劳动时间率为61%，即净劳动时间为293分钟，相当于轻劳动。

Ⅱ级体力劳动

8小时工作日平均耗能值为5 560.1千焦耳/人，劳动时间率为67%，即净劳动时间为320分钟，相当于中等强度劳动。

Ⅲ级体力劳动

8小时工作日平均耗能值为7 310.2千焦耳/人，劳动时间率为73%，即净劳动时间为350分钟，相当于重强度劳动。

Ⅳ级体力劳动

8小时工作日平均耗能值为11 304.4千焦耳/人，劳动时间率为77%，即净劳动时间为370分钟，相当于"很重"强度劳动。

问：通过以上材料，你对体力劳动有何认识?

体力劳动：以人体肌肉与骨骼的劳动为主，以大脑和其他生理系统的劳动为辅的人类劳动。以生产生活资料和生产资料为主的农民、工人等的劳动属于体力劳动。体力劳动者包括建筑工人、搬砖师傅、清洁工等。

脑力劳动：以大脑神经系统为主要运动器官的劳动。其特征在于劳动者在生产中运用的是智力、科学文化知识和生产技能，故亦称"智力劳动"。脑力劳动是质量较高的复杂劳动，包括创造知识的脑力劳动、传授知识的脑力劳动、管理知识的脑力劳动和实现知识的脑力劳动。

2. 劳动创造财富，幸福是奋斗出来的

爱工作的巴菲特

> 著名投资家巴菲特对勤奋劳动推崇备至。他说："我认为你应该努力工作，来发现工作的乐趣，投入尽可能多的时间在你的事业里。但工作并不都是那么有趣，如果你连生存都不能保证，工作怎会有乐趣；如果找到工作的乐趣，就会感觉时间过得飞快，这里你便融入工作中了。我已经这样工作60年了。"

问题：结合案例谈谈劳动与快乐的关系。

劳动在创造物质财富的同时，也丰富着劳动者的精神世界。通过自己的劳动，收获成就感、快乐感、尊严感，让劳动最崇高的观念更加立体、鲜活。

全国劳动模范邓迎香

> 麻怀村地处罗甸县沫阳镇的深石山区，400多户村民祖祖辈辈居住在崇山峻岭中一个又一个"天坑"式的窝凼里。打电话要花40多分钟爬到村寨背后的山坡上才有信号，孩子们通常都是天不亮就出门，翻山越岭花一个多小时才能到达4公里外的村级小学上学，物资进出全靠人工肩挑背驮。
>
> 为改变现状，1999年麻怀村村民自发组织凿石挖洞。邓迎香和村民们只能在狭窄的溶洞里跪着甚至卧着，一锄一镐地凿开岩石。凿一阵子，村民们再紧挨着盘坐在地，从内向外用双手把凿下的岩石、泥块传递到洞外。两年后终于挖通了，兴奋的人们奔走相告。但隧洞低矮狭窄，载重汽车根本无法通行。因为经费不够，工程暂时搁浅了。邓迎香积极向有关部门反映协调，不辞辛苦到处募捐。到2011年8月，一条连接山内山外，宽度增加到3.9至5米，高度增加到3.5至5米，能够通过十来吨农用车的216米穿山隧道主体工程终于竣工。邓迎香的"痴人说梦"终于在她以及村民们的共同努力下梦想成真。

"麻怀"隧道的贯穿、拓宽和开通，让一个千百年来闭塞的小山村瞬间融入外面世界——孩子穿过隧道上学读书，村民穿过隧道外出打工，城里的商人通过隧道走进山村……"麻怀"隧道通车后，麻怀村村民掀起了脱贫致富、建设家园的热潮。邓迎香把自己13年的青春年华奉献给了这条与村民生计息息相关的隧道，演绎出大山深处改变恶劣生存环境，带领村民脱贫致富的佳话。

劳动铸就中国梦

中国高铁实现了从引进先进技术到输出中国高铁的转变，中国高铁已经成为令世界瞩目的发展引擎，成为新常态下一颗闪亮的明珠。仅2014年，中国北车的出口成交额就达30亿美元，中国南车海外订单达到37.6亿美元。作为国家财富的重要支撑，高铁经济飞速发展的背后，站着无数精于钻研、勤勉认真的高铁人。作为中国第一名高铁司机，李东晓能熟练驾驶12种车型的火车，拥有7本驾照，驾龄20年，累计驾驶200万公里零事故。刘建树曾经是一名不懂英文的普通技师，今天他却可以自如地为每一台自动焊接机器人编辑、修改操作程序，解决了外国厂商技术人员都无法解决的技术难题。如今，中国高铁在速度、安全等技术方面，昂首走在世界前列，这背后是无数精益求精的高铁劳动者的奉献。

问题：结合麻怀村的故事和中国高铁相关材料谈谈劳动如何创造财富、幸福与奋斗有何关系。

人们为了能够"创造历史"，必须能够生活。但是为了生活，首先就需要吃喝住穿以及其他一些东西[①]。因此，要解决吃、喝、住、穿等基本

---

① 马克思，恩格斯. 马克思恩格斯选集：第1卷［M］. 中共中央马克思恩格斯列宁斯大林著作编译局，编译. 北京：人民出版社，2012：158.

生活问题以及实现更高层次的幸福必须劳动。

2013 年习近平总书记在同各界优秀青年代表座谈时谈道："'宝剑锋从磨砺出，梅花香自苦寒来。'人类的美好理想，都不可能唾手可得，都离不开筚路蓝缕、手胼足胝的艰苦奋斗。"① 麻怀村的变化正体现了幸福是奋斗出来的道理。为了实现麻怀村的脱贫致富，邓迎香组织麻怀村村民进行艰辛的劳动，在他们的努力下，一个千百年来闭塞的小山村融入了大社会。"幸福不是毛毛雨，幸福不是免费午餐，幸福不会从天而降。人世间的一切成就、一切幸福都源于劳动和创造。"② 麻怀村的故事演绎出通过勤奋劳动边远山村改变恶劣生存环境、村民脱贫致富的传奇。

中国高铁在速度、安全等技术方面，昂首走在世界前列，这背后是无数精益求精的高铁劳动者的奉献。习近平总书记指出，劳动是财富的源泉，也是幸福的源泉③。改革开放四十多年来，我国经济社会飞速发展，国内生产总值跃居世界第二，人均 GDP 大幅上涨。在不平凡的 2020 年，面对新冠疫情，我们迎难而上，统筹疫情防控和经济社会发展取得重大成就，在世界主要经济体中率先实现正增长，"十三五"圆满收官，"十四五"开启，新发展格局加快构建，国家财富积累的每一步，都凝结着亿万劳动者的辛勤耕耘和全身心的付出。制造业、外贸业、建筑业、服务业等行业的快速发展，支撑起了中国经济的巍峨大厦。这些都离不开各行各业劳动者们的不懈奋斗，每一位劳动者都不平凡，我们今天的幸福生活离不开人民的努力，中学生应该践行劳动创造财富、幸福是奋斗出来的理念。

3. 中学生如何践行劳动创造财富观

南京师范大学劳动教育课题组围绕"劳动情感、劳动人格、社会组织系统"开展调研。

---

① 习近平. 习近平在同各界优秀青年代表座谈时的讲话 [N]. 光明日报, 2013－05－05 (02).

② 习近平. 习近平寄语全国各族少年儿童：美好的生活属于你们 美丽的中国梦属于你们 [N]. 人民日报, 2015-06- 02 (01).

③ 习近平. 习近平在同全国劳动模范代表座谈时的讲话 [N]. 人民日报, 2013－04－28 (02).

南京师范大学劳动教育课题组面向 12 929 名大中小学生、3 434 名家长、2 484 名教师及教育行政人员，组织 3 轮问卷调查和 8 次专家访谈，经过调查得出以下结论①：

（1）专家认为：多数学生"眼里没活"，不爱劳动。问卷调查显示，47%的学生自评不具备热爱劳动的态度。分别有 29%、26%、18%（比例相对较高）的家长认为学生不太具备或完全不具备"良好的劳动习惯""热爱劳动的态度""爱惜劳动成果的品格"，其中认为孩子不具备劳动习惯的比例最高，而认为孩子完全不具备热爱劳动的态度的比例在"完全不具备"选项中最高，为 2.3%。

（2）80%以上的教师及教育行政人员认为需要加强培养学生"积极的劳动态度、良好的劳动习惯、优秀的劳动精神"。

（3）85%的家长认为，当前加强劳动教育是为了对学生实施品格教育，强化劳动品质培养。家长认为对学生劳动品质教育不到位的根源在于具有观念误区：79%的家长认为是学生学业压力大，没有时间和精力劳动；63%的家长舍不得让孩子劳动；56%的家长认为劳动是长大成人以后的事情，现阶段主要任务是学习；28%的家长认为孩子不会做家务，容易添乱。

问题：结合上述材料谈谈目前学生在劳动态度、劳动情感和劳动习惯上存在什么问题，并谈谈我们该如何培养劳动素养。

第一，加强学生对劳动的全面、动态认识，端正劳动态度。

目前在进行劳动观教育中学生总体对劳动的概念认识不全面。比如：仅仅停留在体力劳动，没有关注到时代赋予劳动的新的内涵；未认识到创新劳动对个人、对社会的意义。一方面，学生将劳动教育视同校内打扫和种植等，对劳动概念认识不清影响了自身的劳动态度和劳动情感，认为学校开展劳动教育是"浪费学习时间"，对劳动教育"无所谓"，对班级劳动和寝室劳动也不重视。另一方面，家长的劳动观念也要更新，那种认为学生学业压力大，没有时间和精力劳动，劳动是长大成人以后的事情的观念都是错误的。学生应端正劳动态度，积极参与各种劳动。

---

① 顾建军. 居家劳动也是一种教育［N］. 人民日报，2020-03-13（05）.

第二，关注劳动情感培养，塑造劳动精神。

要关注劳动情感的培养，加强对劳动价值的认同，要培养热爱劳动、爱岗敬业、勇于创新等精神品质。习近平总书记关于劳动的表述就揭示了劳动精神的丰富内容（包含劳动价值、对劳动的积极态度等）。除此之外，劳动精神还包括劳动个体体验和呈现出来的积极的劳动情感，这些体验、态度和感受稳定地形成了劳动精神，是发自内心的对劳动的热爱，以及在劳动中滋养、培育出的积极向上的气质与态度。劳动教育不能只关注教育结果，即只看到学生习得了多少劳动方法与技能，劳动教育不可或缺的是过程中的情感、态度因素，应当充分发掘劳动中蕴含的丰富内涵，帮助学生在感悟中成长。

第三，积极培养劳动习惯，提高优秀的劳动品质。

劳动习惯伴人一生，好的劳动习惯对个人、家庭、社会都有积极意义。伴随社会的发展，科技的重要性越发突出，人的劳动形态日益多样化和复杂化，社会生产由以体力劳动为主转变为以脑力劳动为主。作为祖国未来的接班人，中学生除了要掌握一些劳动技能，养成勤于劳动的习惯，更应培养热爱劳动的情感，要大力弘扬劳模精神和工匠精神，培养自己成为知识型、技能型、创新型劳动者。幸福不会从天降，劳动可以让梦想成真！

总之，中学生应认识到劳动创造财富、劳动创造幸福的重要性，应端正劳动态度，积极参与劳动，培养热爱劳动、不怕挫折的品质，培养好的劳动习惯，提高劳动素养。

三、课后复习

（一）课后延伸

假期从事一项劳动（体力劳动或脑力劳动），感悟劳动如何创造财富。

（二）教学反思

本节课我们探讨了财富的含义、财富对个人和家庭的意义。通过对财务自由与走出"盲目追求财富"误区的介绍，让学生明确在劳动基础上合理追求财富的重要性；通过对简单劳动和复杂劳动的认识，让学生意识到不同劳动的特点并树立培养自己成为未来需要的知识型、技能型、创新型劳动者的目标；让学生分析自我，寻找自己未来发展的方向。本节课的总体目标是培养学生正确的劳动观和财富观，但部分内容稍微深奥一些，同时逻辑上还需进一步加强，科学性还有待提高。

（三）素材链接

1. 劳动教育性质和基本理念

（1）劳动教育性质

劳动是创造物质财富和精神财富的过程，是人类特有的基本社会实践活动。劳动教育是发挥劳动的育人功能，对学生进行热爱劳动、热爱劳动人民的教育活动。当前实施劳动教育的重点是在系统的文化知识学习之外，有目的、有计划地组织学生参加日常生活劳动、生产劳动和服务性劳动，让学生动手实践、出力流汗，接受锻炼、磨炼意志，从而培养学生正确的劳动价值观和良好的劳动品质。

劳动教育是新时代党对教育的新要求，是中国特色社会主义教育制度的重要内容，是全面发展教育体系的重要组成部分，是大中小学必须开展的教育活动，具有鲜明的思想性。必须将马克思主义劳动观贯彻始终，强调劳动是一切财富、价值的源泉，劳动者是国家的主人，一切劳动和劳动者都应该得到鼓励和尊重；倡导通过诚实劳动创造美好生活、实现人生梦想，反对一切不劳而获、崇尚暴富、贪图享乐的错误思想。劳动教育具有突出的社会性，必须加强学校教育与社会生活、生产实践的直接联系，发挥劳动在个人与社会之间的纽带作用，引导学生认识社会、增强社会责任感；同时注重让学生学会分工合作，体会社会主义社会平等、和谐的新型劳动关系。劳动教育具有显著的实践性，必须面向真实的生活世界和职业世界，引导学生以动手实践为主要方式，在认识世界的基础上，获得有积极意义的价值体验，学会建设世界，塑造自己，实现树德、增智、强体、育美的目的。

（2）劳动教育基本理念

①强化劳动观念，弘扬劳动精神。将劳动观念和劳动精神教育贯穿人

才培养全过程，贯穿家庭、学校、社会各层面。注重让学生在学习和掌握基本劳动知识技能的过程中，领悟劳动的意义、价值，形成勤俭、奋斗、创新、奉献的劳动精神。

②强调身心参与，注重手脑并用。把握劳动教育的根本特征，让学生面对真实的个人生活、生产和社会性服务任务情境，亲历实际的劳动过程，善于观察思考，注重运用所学知识解决实际问题，提高劳动质量和效率。

③继承优良传统，彰显时代特征。在充分发挥传统劳动、传统工艺项目育人功能的同时，紧跟科技发展和产业变革的脚步，准确把握新时代劳动工具、劳动技术、劳动形态的新变化，创新劳动教育内容、途径、方式，增强劳动教育的时代性。

④发挥主体作用，激发创新创造。关注学生劳动过程中的体验和感悟，引导学生感受劳动的艰辛和收获的快乐，增强获得感、成就感、荣誉感。鼓励学生在学习和借鉴他人丰富经验、技艺的基础上，尝试新方法、探索新技术，打破僵化思维方式，推陈出新。

（教育部关于印发《大中小学劳动教育指导纲要（试行）》的通知。网址：http://www.moe.gov.cn/srcsite/A26/jcj_kcjcgh/202007/t20200715_472808.html）

在新时代历史坐标上深刻理解劳动形态的演变，一定要与劳动精神的坚守相统一。人类历史川流不息，劳动形态会一直演变下去。但是无论形态如何改变，劳动创造历史、劳动创造美好生活的真理从未改变。新时代的劳动教育一定要准确把握这一变与不变的辩证关系，把准劳动教育价值取向，引导学生树立正确的劳动观，崇尚劳动、尊重劳动，增强对劳动人民的感情，报效国家，奉献社会。

——北京师范大学教育学部教授、北京师范大学公民与道德教育研究中心主任、全国德育学术委员会理事长 檀传宝

新时代劳动教育在实施"日常生活劳动、生产劳动和服务性劳动"三类劳动教育的同时，还需要突出倡导三种劳动表现：辛勤劳动、诚实劳动、创造性劳动。特别是提高学生创造性劳动能力，更具有鲜明的时代特征。这也是新时代劳动教育的重点、难点、创新点和增长点。同时要大力

发扬三种精神：劳动精神、劳模精神、工匠精神。开展新时代劳动教育要注重消除长期存在的污名化、妖魔化体力劳动的偏见，要防止长期存在的对劳动教育泛化、虚化、窄化、矮化、简单化等消极思想意识的干扰和不良影响。全社会需要充分认识开展劳动教育的国家战略意义，形成广泛共识，推进劳动教育科学化、规范化、精准化建设。

——中国教育科学研究院原党委书记、研究员，中国教育学会中小学劳动技术教育专业委员会理事长 徐长发

2. 视频《大神教你最实用的时间管理术》1—12集

（网址：https://www.iqiyi.com/a_19rrhufyh9.html）

3. 视频百家讲坛《三言二拍（2）财富与命运》

主要介绍三言二拍中的财富故事。韩田鹿先生讲述了出自《初刻拍案惊奇》的代表故事"转运汉遇巧洞庭红"。此篇传奇折射出了明代的社会背景和经济观念。韩先生更由此引申出中国社会中"以德致富""好人得财"的财富观。他认为三言二拍的作者肯定经商得财，强调兼济天下、宠辱不惊的态度，这与西方财富故事中激发雄心斗志的态度各有千秋。

（网址：https://tv.cctv.com/2010/12/25/VIDE1372756009637592.shtml）

4. 伟大长征精神

伟大长征精神，就是把全国人民和中华民族的根本利益看得高于一切，坚定革命的理想和信念，坚信正义事业必然胜利的精神；就是为了救国救民，不怕任何艰难险阻，不惜付出一切牺牲的精神；就是坚持独立自主、实事求是，一切从实际出发的精神；就是顾全大局、严守纪律、紧密团结的精神；就是紧紧依靠人民群众，同人民群众生死相依、患难与共、艰苦奋斗的精神。

——习近平

5.《钱氏家训》

个人篇

心术不可得罪于天地，言行皆当无愧于圣贤。

曾子之三省勿忘，程子之四箴宜佩。

持躬不可不谨严，临财不可不廉介。

处事不可不决断，存心不可不宽厚。

尽前行者地步窄，向后看者眼界宽。

花繁柳密处拨得开，方见手段；

风狂雨骤时立得定，才是脚跟。

能改过则天地不怒，能安分则鬼神无权。

读经传则根柢深，看史鉴则议论伟。

能文章则称述多，蓄道德则福报厚。

家庭篇

欲造优美之家庭，须立良好之规则。

内外门闾整洁，尊卑次序谨严。

父母伯叔孝敬欢愉，妯娌弟兄和睦友爱。

祖宗虽远，祭祀宜诚；子孙虽愚，诗书须读。

娶媳求淑女，勿计妆奁；嫁女择佳婿，勿慕富贵。

家富提携宗族，置义塾与公田；岁饥赈济亲朋，筹仁浆与义粟。

勤俭为本，自必丰亨；忠厚传家，乃能长久。

社会篇

信交朋友，惠普乡邻。

恤寡矜孤，敬老怀幼。

救灾周急，排难解纷。

修桥路以利从行，造河船以济众渡。

兴启蒙之义塾，设积谷之社仓。

私见尽要铲除，公益概行提倡。

不见利而起谋，不见才而生嫉。

小人固当远，断不可显为仇敌；君子固当亲，亦不可曲为附和。

国家篇

执法如山，守身如玉。

爱民如子，去蠹如仇。

严以驭役，宽以恤民。

官肯著意一分，民受十分之惠。

上能吃苦一点，民沾万点之恩。

利在一身勿谋也，利在天下者必谋之。

利在一时固谋也，利在万世者更谋之。

大智兴邦，不过集众思；大愚误国，只为好自用。

聪明睿智，守之以愚；功被天下，守之以让。

勇力振世，守之以怯；富有四海，守之以谦。

庙堂之上，以养正气为先；海宇之内，以养元气为本。

务本节用则国富，进贤使能则国强。

兴学育才则国盛，交邻有道则国安。

（网址：https://baike.baidu.com/item/钱氏家训/276326）

6. 中学生劳动教育调查问卷

亲爱的同学，感谢你填写此问卷，本问卷不记名，请务必如实填写，衷心感谢你的参与！

1. 你的性别是什么？

A. 男　B. 女

2. 你的年级是什么？

A. 初一　B. 初二　C. 初三　D. 高一　E. 高二　F. 高三

3. 你喜欢劳动吗？

A. 喜欢　B. 一般　C. 不喜欢

4. 你每周的劳动时间约为多久（含校内外）？

A. 少于30分钟　B. 30~60分钟　C. 60~90分钟　D. 90分钟以上

5. 你在学校经常参加哪些劳动活动？

A. 值日生，卫生大扫除

B. 帮老师收作业本

C. 自觉完成学习任务

D. 打扫学校公共区域

E. 主动帮体育老师拿器材和还器材

F. 关心帮助同学

G. 认真完成劳技课的手工作业

H. 整理自己的课桌

I. 其他（可填写）

6. 你在家里参加劳动的形式是什么？

A. 打扫卫生、整理房间

B. 洗衣、晒衣、叠衣、叠被

C. 绿化种植、维修

D. 做饭、做菜、洗菜、洗碗

E. 其他形式的劳动

7. 你参加家务劳动大多是因为什么？

A. 自己主动

B. 学校要求

C. 家长要求

D. 其他原因

8. 你如何处理学习与劳动的关系？

A. 专心学习，放弃参加劳动的机会

B. 搞好学习的情况下，做一些力所能及的事情

C. 经常以劳动之名逃避学习

D. 经常以学习之名逃避劳动

9. 你觉得劳动可以带来什么？

A. 使环境优美

B. 收获成就感，缓解压力

C. 促进同学和朋友间的合作

D. 为班集体争光

E. 仅仅是完成任务

F. 使自己的实践能力得到锻炼

10. 你如何评价自己目前的劳动态度？

A. 积极主动，养成自觉劳动的好习惯

B. 经常参与，按照学校和家长的要求

C. 有时参与，被动完成任务

D. 不怎么参与，能躲则躲

E. 完全不参与

11. 你如何评价自己的动手能力？

A. 非常差（不会家务）

B. 差（偶尔会做一点家务）

C. 还可以（基本会做家务）

D. 好（能够照顾自己）

E. 非常好（还能完成不少手工创造）

12. 你如何评价中学生的劳动观？

A. 劳动观念普遍缺失

B. 劳动观念部分缺失

C. 劳动观念比较完善

13. 你认为一些中学生劳动观念缺失主要表现在哪些方面？

A. 缺乏奉献精神，怕苦怕累

B. 学习太忙，没有时间劳动

C. 家长们认为劳动是长大成人以后的事情，现阶段主要任务是学习

D. 贪图安逸

14. 你认为中学生劳动观念缺失主要原因有哪些？

A. 个人养成的懒惰习性

B. 父母的溺爱、帮忙或物质奖励手段带来的消极影响

C. 当今的社会风气，轻视劳动的消极影响

D. 其他原因

第二课　做自己人生的规划师

一、课前准备

（一）资料准备

（1）教师准备：收集我国近年热门专业就业情况、新型职业类型。

（2）学生准备：课前准备 1~2 则"招聘启事"，调查大学的热门专业。

（二）设施准备

多媒体教室。

（三）教学设计

1. 教学目标

（1）必备知识目标：了解职业生涯规划、专业、职业、职业生涯发展阶段任务。

（2）关键能力目标：学生通过了解我国高校专业设置情况，知晓当前社会的人才需求状况，并根据自己的兴趣、性格等实际初步做出职业规划。

（3）财经素养目标：通过教学激发学生对职业选择的兴趣，让学生了解专业、职业、就业的关系，明白"三百六十行，行行出状元"，树立职业平等意识，意识到劳动创造财富、劳动最光荣。

（4）核心价值目标：让学生牢固树立马克思主义劳动价值观，提升职业规划能力，为成为德智体美劳全面发展的社会主义建设者和接班人打下坚实的基础。

2. 教学框架

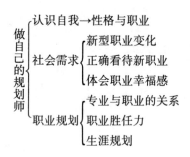

3. 教学重难点

（1）认识专业和职业的关系；

（2）明确如何做好适合自己的职业规划。

4. 教学建议

（1）以游戏的形式激发学生兴趣，导入新课；

（2）在课程中观看视频，组织学生开展辩论。

二、课程中的教学安排

性格与职业有什么关系？中学生在正确的职业观的引导下，该怎样规划自己的学业，才能更好地选择专业，为职业选择服务，从而更好地实现自己的人生价值？

（一）核心知识点一：认识自我

【学习目标】

认识性格与职业的关系，了解霍兰德职业兴趣理论。

【游戏引入】

趣味小测试[①]：

请从以下这些动物中依次选出你最喜欢的三种（注意：是"依次"，也就是凭第一直觉将想到的动物按最喜欢的、次喜欢的、第三喜欢的顺序排列）。

狗，熊，猴子，狮子，马，松鼠，羊，兔子，企鹅，猫

1. 了解性格

最喜欢的动物，代表你希望自己给别人的印象。

次喜欢的动物，代表别人对你的看法。

第三喜欢的动物，代表你真正的样子。

狗：个性温和，善解人意，为朋友竭尽全力，不怕麻烦，是忠诚度极高且富有同情心的人。为人正直，不会做出背叛朋友的事，是可以信赖的人。

熊：温和亲切，是可以依赖的人。心地善良，个性单纯、率直，给人平稳、顾家的印象。另外，行事谨慎。

猴子：幽默、容易亲近，在一起不会让人感到厌倦的人。喜欢照顾别人，头脑灵活，好奇心强。

狮子：有威严，在人群中特别受瞩目，最具有领袖气质的人。重荣誉及社会地位，有时难免偏于虚荣，因此，自尊心很强。

马：带点稚气，为人爽快。即使是女性也要求特别的待遇，是个个性活泼、干脆，在穿着上也很讲究的人。

松鼠：有一点孩子气，外表给人软弱的印象，实际上却是个能干且牢靠的人，不过有些三心二意。另外，崇尚自由，脑筋也很灵活。

羊：外表柔弱，实际上却很顽固。属于勤勉不懈的努力派，也是重秩序、讲义气的人，将朋友的事看得比自己的还重要。

兔子：是个可爱、颇具魅力的人。由于这个特质，周围的人常常会产生想保护你的欲望。另外，个性温和优雅，很讨人喜爱。

企鹅：谨慎、保守、朴素型的人。有时会给人一种沉静中带点危险的

[①] 参见《自我认知与职业倾向》（高中二年级上册《心理健康教育》沈阳版本）。

感觉，对很多事都无动于衷。

猫：神秘、捉摸不定的人。保持自己的步调、崇尚自由、不喜欢受束缚，而且自我，对很多事都坚持既定的想法。

2. 性格与职业

播放视频：于谦、俞敏洪《教·学之间》中"俞敏洪谈学生选择会计专业"的对话①。

每个人的性格都既有优点，又有弱点；性格也有好坏之分，不仅能影响我们的行为，而且对职业的选择也会产生一定的影响。"我的性格是内向还是外向，适合什么工作？""哪些职业正好匹配我的性格？""以我的个性从事什么行业好？"面对这类问题很多人都会感到困惑。个人性格和职业选择之间到底存在什么样的关联？如何才能精准认识自己并为自己的生涯进行科学规划呢？

【霍兰德职业兴趣理论】②

该理论是美国约翰·霍普金斯大学心理学教授、著名的职业指导专家霍兰德（John Holland）提出的，实质在于人格与职业的相互适应。20世纪60年代，霍兰德在帕森斯观点的基础上，结合当时的人格心理学概念，认为职业选择是个人人格在工作世界的表露和延伸，即人们在工作选择和经验中表达自己的个人兴趣和价值。他认为人的人格类型、兴趣与职业密切相关，兴趣是人们活动的巨大动力，凡是具有使人产生兴趣的职业，都可以提高人们的积极性，促使人们积极地、愉快地从事该职业。而且，职业兴趣与人格之间存在密切的相关性，每个特殊类型人格的人，都会对相应职业类型中的工作或学习感兴趣。

霍兰德认为，一个人的职业是否成功，是否稳定，是否顺心如意，在很大程度上取决于其个性类型和工作条件之间的适应情况。这就要求我们在认识自己性格的基础上，明确自己的职业规划方向。当然，未来专业和职业的选择需要考虑的因素很多，性格只是其中一个影响因素，你的性格

---

① 于谦，俞敏洪. 教·学之间［EB/OL］.（2020-11-14）［2021-11-30］.https：//haokan.baidu. com/v？pd＝wisenatural&vid＝4950358105483027306.

② 刘丹. 浅析霍兰德职业类型论的内容及应用［J］. 人力资源开发，2017（22）：133-134.

可能不单单是一种类型，可能会兼具几种类型，也可能在以后的成长道路上发生变化。所以，在抉择之时，每个人除了要对自己的性格、兴趣、爱好有一个清醒的认识外，还要根据社会的需求做更多的考虑。

（二）核心知识点二：了解社会需求，明确职业规划方向

【学习目标】了解新型职业，正确看待新型职业。

【资料引入】学生展示所了解的热门专业。

1. 教师展示社会新型职业的变化情况

（1）展示 2020 年新型职业

2020 年人社部发布的 16 类新型职业有：智能制造工程技术员、工业互联网工程技术员、虚拟现实工程技术员、连锁经营管理师、供应链管理师、网约配送员、人工智能训练师、电气电子产品环保检测员、全媒体运营师、健康照护师、呼吸治疗师、出生缺陷防控咨询师、康复辅助技术咨询师、无人机装调检修工、铁路综合维修工、装配式建筑施工员。

（2）展示 2021 年新型职业

根据人社部官网 2021 年 3 月 18 日消息，人社部、国家市场监督管理总局、国家统计局联合发布 18 个新职业：集成电路工程技术人员、企业合规师、公司金融顾问、易货师、二手车经纪人、汽车救援员、调饮师、食品安全管理师、服务机器人应用技术员、电子数据取证分析师、职业培训师、密码技术应用员、建筑幕墙设计师、碳排放管理员、管廊运维员、酒体设计师、智能硬件装调员、工业视觉系统运维员。

问：从 2020 年到 2021 年新型职业的变化，我们可以看出什么？

随着社会的发展，我国当前社会主要矛盾已经转化为人民日益增长的美好生活需要和不平衡不充分的发展之间的矛盾。随着人民生活需求的增加，人们的生活模式改变，生活节奏加快，由此派生出了很多新型职业，如食品安全管理师等。党的十九大报告提出，要"建立健全绿色低碳循环发展的经济体系"。碳排放管理员是一个新型的职业，它要求从业人员要熟悉相关的政策，要有规划、核查、评估等方面的能力。此外，数字化技术的发展催生出新职业，企业高质量发展也孕育出新职业。在现今这个信息技术高速发展、急需人才的时代，新兴职业每年都在涌现，如家政师中又新细分出了整理师。职业的选择与社会背景也是息息相关的，因而我们更需要在了解自己的基础上，选择自己所能胜任的专业。

2. 正确看待新职业，做最适合自己的职业选择

现在的网络直播行业、电竞行业这些新兴行业，在多数人看来不需要多高的学历，是挣钱多并且快的行业。你怎样看待这个问题？

<u>微演讲：网红①新职业之我见（每人 1~2 分钟）</u>

随着电商直播、短视频的快速发展，网红经济的商业模式已然成为中国消费市场的新选择。特别是在新冠肺炎疫情期间，网红经济更是快速发展。网红直播带货，很好地顺应了这股潮流。网红利用自身流量吸引粉丝，在直播间对其售卖的产品进行介绍并与粉丝互动，这种直播带货的方式节省了消费者市场搜索的成本，并且消费者可以更具针对性地对其所需产品的细节进行了解，该商业模式拉动了国内消费水平的增长。网红经济的发展虽然对实体经济有冲击，但在其他方面却带动了实体经济的发展。网红依靠自己单打独斗是很难在市场上获取长久的关注度的，因此催生了网红产业孵化公司、网红经纪公司、营销策划网红公司等。2020 年 6 月，"直播销售员"被列为新工种，这些网络营销人员得到了国家的认可。电商直播除了诞生直播销售员，还诞生了助播、选品、脚本策划、运营、场控等多种新职业。

3. 传承工匠精神，体会职业幸福感
<u>播放《大国工匠》视频，学生谈职业的自豪感和幸福感</u>

习近平总书记指出，要大力弘扬劳模精神、劳动精神、工匠精神。在长期实践中，我们培育形成了爱岗敬业、争创一流、艰苦奋斗、勇于创新、淡泊名利、甘于奉献的劳模精神，崇尚劳动、热爱劳动、辛勤劳动、诚实劳动的劳动精神，执着专注、精益求精、一丝不苟、追求卓越的工匠精神。有一篇获得一等奖的演讲稿——《我的快递员爸爸》，文中的爸爸是一名德邦快递员，他每天穿梭在大街小巷，用他粗糙的双手扛起件件货物，从不迟到，对人永远面带微笑。小学生没有因为爸爸从事快递员的工

---

① 系"网络红人"之简称，意思是走红于网络的人。参见"百度百科"对"网络红人"的解释（http：baike. baidu. com/item/网络红人/893109）。

作而觉得羞耻，他认为爸爸是伟大的，爸爸是他的榜样。三百六十行，行行出状元，只要踏实肯干，秉承工匠精神，无论在哪一个工作岗位都能换来事业的成功，再平凡的岗位都能创造人生价值。

（三）核心知识点三：做出正确选择，初步做好职业规划

【学习目标】

认识专业与职业的关系，初步认识自己的职业胜任力。

1. 专业与职业的关系

【活动导入】播放珠海 UIC 招生宣传片，了解一个学院设置有哪些专业[①]。

提问：通过看视频，你们了解了某些专业在大学里面要学习的一些技能，那么我国大学专业的设置究竟是怎样的？

专业的释义很多，可以指学业门类，可以指擅长的技能，也可以指专门的学问。就学业来说，专业是指高等学校或中等专业学校根据社会专业分工的需要设立的学业类别。有同学说专业决定了职业；又有同学说，专业与职业没有多少联系，现在很多成功人士都没有从事自己所学的专业。这只能说明同学们对二者关系的认识还很肤浅。

专业与职业之间的关系如图 2-1 所示：

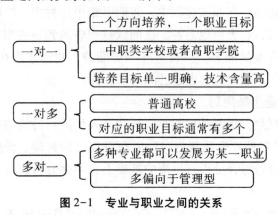

图 2-1 专业与职业之间的关系

---

① 2017 UIC 人文与社会科学学部招生宣传片［EB/OL］.（2017－06－25）［2021－11－30］. https：//v.youku.com/v_show/id_XMjg0ODQyOTAyMA==.

如果个人的职业发展一直在所学专业的领域内，选择的职业与学习的专业相吻合，能够做到学以致用，那就能构成"一对一"的关系；如果个人的职业发展以所学专业为核心，向外扩展，虽然选择的职业与学习的专业方向一致，但职业发展超出所学专业领域，一项职业需要有很多专业方面的知识，这就要求我们在做好自身职业规划的基础上，还要通过多种途径提高自己的职业素养。

2. 需要哪些职业胜任力

【活动引入】播放视频《〈令人心动的 offer 第 2 季〉面试篇：实习生面试遭灵魂拷问》中前三个面试者视频①。

提问：看完这三个求职视频，你有什么感受？

三个求职者的自身综合素质都很高，都毕业于名牌大学，但在面对职业选择时，前两个求职者明显自信心不足。他们的父母对于自己孩子的职业选择更倾向于稳定的环境。而最后一个求职者信心十足，也有对工作的热情，看得出面试官更倾向于这位学生。

讨论：你认为一个人在专业技能已经很好的基础上，如何才能在求职面试中胜人一筹？

过硬的专业知识是我们必需的；保持一个良好的心态，沉着冷静地面对，是我们必备的。在面试过程中，我们要集中注意力，冷静听清考官的问题，组织好语言，大声地回答。在面试过程中遇到一些突发状况时，我们还要有临场应变的能力。只有做好一切准备，我们才能在机会来临时，牢牢地将其抓住，更好地实现自己的人生价值。

3. 做好职业生涯规划

职业生涯规划，指的是对职业生涯乃至人生进行持续的系统的计划的过程②。个人进行职业生涯规划时，要在对自己的兴趣、爱好、能力、特点和客观环境进行综合分析与权衡的基础上，学会分析问题，为自己确立

---

① 《令人心动的 offer 第 2 季》面试篇：实习生面试遭灵魂拷问［EB/OL］.［2021 - 11 - 30］. https://v.qq.com/x/cover/mzc002000my46dc.html.

② 职业生涯规划［EB/OL］.［2021 - 11 - 30］. https://baike.baidu.com/item/职业生涯规划/1068748.

职业方向和目标，确定教育和发展计划，制定行动策略，实现个体的全面最优发展[1]。

美国生涯发展理论大师舒伯（Donald E. Super）的生涯发展相关知识理论如表 2-1 所示。

表 2-1　舒伯的生涯发展阶段任务

发展阶段	对应的人生时期	生涯发展任务
成长阶段	出生至 14 岁	意识到兴趣所在和职业相关的基本技能
探索阶段	15~24 岁	进一步发展能力与才干 选择学习计划 增强独立性 选择适合自己的专业、提高相关专业技能
建立阶段	25~44 岁	开始尝试进入适合自己的职业领域，力求保持工作的稳定，是最具创造力的时期
维持阶段	45~64 岁	通过不断努力获得职业生涯的发展和成就，逐渐在自己的领域占有一席之地，维持既有的成就与地位
衰退阶段	65 岁以上	开始考虑退休并享受自己的晚年生活

【活动引入】讨论：我们做好自身职业规划的意义是什么？

据了解，已经考入大学的许多大学生对其所报学校、专业缺乏了解，导致入学后学习兴趣不高。某高校研究所的调查显示，超过 50% 的大学生认为目前就读的专业不理想，近 20% 的大学生对就读学校不满意，30% 的学生对所学专业热情不高，仅有 3.4% 的学生入学前了解所报专业。每年都有许多学生因不满意所考入的大学或专业选择复读。其原因是学生、家长、中学老师不了解大学的专业，不了解社会的人才需求，不清楚自己适合选择什么样的专业、适合从事什么样的工作。做好职业规划，从自身来说，是让自己有更明确的目标，让自己朝着这个目标奋进。

---

① 冯嘉慧. 美国生涯指导理论范式研究 ［D］. 上海：华东师范大学，2019.

【课堂练习】根据本节课所了解到的知识和自己的实际情况完成表 2-2。

表 2-2　我的职业生涯规划

自我分析	个人特质	
	职业兴趣	
	胜任能力 （优势、劣势）	
职业分析	家庭环境	
	社会环境	
实施计划 （高中段）	实施步骤	

专业、职业、就业有一定的关联度，但随着社会的变迁，全社会对复合型人才的需求越来越大、对就业者综合素质的要求越来越高。当前高校招生开始偏向大类招生，在大学一、二年级不分专业进行教学，在大学二年级以后对学生进行专业教学。当然专业设置与高校招生及社会分工息息相关，专业的选择是我们人生中的重要课题，我们的学业结束后，就要开始职业选择。我们只有了解社会的人才需求，并结合自己的性格特征，才能更好地规划自己的未来。《中庸》中说："凡事预则立，不预则废。"做好准备，才能直面将来。

三、课后复习

（一）课后延伸

全班同学分组，开展无领导小组活动，在情景模拟中体验职业能力。

活动流程如下：

（1）全班分组，每组 6~9 人；

（2）给定模拟的场景；

（3）每组学生自行根据场景进行活动；

（4）面试官（可由学生或者老师充当）对每个人的表现进行打分（见表 2-3）。

表 2-3 无领导小组评价表

序号	发言主动性 15 分	组织协调能力 20 分	表达能力 15 分	团队影响力 15 分	自信度 15 分	责任心 20 分	总分

（二）教学反思

本节课从一个心理学游戏出发，激发学生兴趣，引出学生对自己性格的思考，让学生明白性格因素在职业选择中会起到一定的作用。在对性格了解的基础上，再了解社会需要哪些职业，自己能胜任哪些职业，从而对职业选择做到心中有数。通过观看珠海 UIC 招生宣传片，了解大学专业的设置情况，认识专业与职业的关系，然后对自己的职业生涯进行规划。"无领导小组"活动旨在让学生在实践中，感受面试技巧，感受团队合作的重要性，感受自信、责任、语言沟通、表达能力对自身的重要性，让学生在以后的学习生活中着力对这方面的技能进行培养，提高自己的综合素质能力。

对学生进行职业规划的授课，教师除了需要具备相关的知识，还需要结合当前的时代背景，对新兴职业有所了解。如对学生现在感兴趣的电竞行业、直播带货、微商等这些行业，教师应该对学生进行正确引导。同时，职业规划的教育不能只停留在理论传授阶段，有条件的学校应该引导学生进行职业体验，这样能让学生的职业概念更清晰，学生也才能切身感受到社会变化与自身的关系，对专业、职业、当前就业现状等认知水平将会得到较大提高。大部分学生在进行专业选择的时候，仍是基于自己的兴趣这一主观条件，教师要引导学生从主客观条件来做出理性分析。

（三）素材链接

1.《普通高等学校本科专业目录（2012年）》

通过该文件，我们可以了解到，从2013年开始，我国普通高校按照学科门类、专业类和专业三个层次对大学专业进行划分。根据该划分，学科门类有12个，专业类有92个，专业有506种。12个学科门类又可以分为四大类：人文科学、社会科学、理学科学和工程科学。12个学科门类包括：哲学、经济学、法学、教育学、文学、历史学、理学、工学、农学、医学、管理学、艺术学。

2.《国务院关于印发"十三五"国家战略性新兴产业发展规划的通知》

该通知指出，要按照"五位一体"总体布局和"四个全面"战略布局要求，积极适应把握引领经济发展新常态，牢固树立和贯彻落实创新、协调、绿色、开放、共享的新发展理念，紧紧把握全球新一轮科技革命和产业变革重大机遇，培育发展新动能，推进供给侧结构性改革。战略性新兴产业代表新一轮科技革命和产业变革的方向，是培育发展新动能、获取未来竞争新优势的关键领域。信息革命进程将持续快速演进，物联网、云计算、大数据、人工智能等技术将广泛渗透于经济社会各个领域。增材制造（3D打印）、机器人与智能制造、超材料与纳米材料等领域技术不断取得重大突破。生物新经济有望引领人类生产生活迈入新天地。应对全球气候变化助推绿色低碳发展大潮，清洁生产技术应用规模将不断拓展。立足发展需要和产业基础，大幅提升产业科技含量，加快发展壮大网络经济、高端制造、生物经济、绿色低碳和数字创意等五大领域，实现向创新经济的跨越。着眼全球新一轮科技革命和产业变革的新趋势、新方向，超前布局空天海洋、信息网络、生物技术和核技术领域一批战略性产业，打造未来发展新优势。

3. 就业前景与市场环境和政策背景相关

（1）"三农"领域

"三农"一直是国家重点关注领域，2021 年的中央一号文件再度聚焦"三农"，这已经是政府连续 18 年聚焦"三农"产业，现在银行对农业方面提供了很多优惠政策，如对种子、农业现代化等。从国家的扶持可以看出，和"三农"有关的产业前景一片大好。

（2）互联网行业

信息技术的应用已经渗透到我们生活的方方面面，也给我们的生活带来了巨大变化。移动互联网、大数据和游戏类行业的薪酬待遇和岗位是很多学生青睐的，在未来从事互联网有关工作相对更有优势。

（3）大健康产业

我国的人口老龄化日趋严重，很多慢性病也在呈增长趋势，人们的收入能力日渐增长，健康意识也在不断增强。由此，与健康息息相关的岗位需求不断增加。对医生、护士、药剂师这些传统岗位的需求乃刚需，但是在未来营养师、理疗师、养老护理员等职位将会越来越受欢迎。特别是营养师综合了厨师、保健师、医务、中医、心理师、营销员、管理员等职业的特点，对综合能力的要求要高一些。

（4）电商

互联网行业的迅速发展带动了电商行业的发展。每逢节日，各大电商平台总会开展各种活动。据调查，最近几年"双十一"的成交量屡创新高。现在很多电商平台开始有了门店，特别是社区门店，人们线上下单，走出家门即可提货，特别是生活类物品，这给人们的生活带来了便捷。未来电商行业线上线下可能会整合成一种新型模式，更加灵活和多样化，功能也更加完善，岗位需求应该会朝更专业、更细化的方向发展。

（5）自媒体

从自媒体行业诞生以来，人们就逐渐习惯从多种平台和渠道接收资讯，个人 IP 的发展撼动了主流媒体的地位。自媒体行业已经进入全民自媒体时代，竞争变得更加激烈，但是发展空间仍然很大。

（6）与"宅经济"相关的产业

2020 年受新冠肺炎疫情的影响，"宅经济"已经脱离传统宅男宅女的范畴。受外部环境的影响，宅家人群规模爆发式增加，与之相关的行业如外卖、物流、远程办公、线上课程等逐渐发展壮大，未来前景看好。

4. 新型职业

（1）网红直播

2020 年，直播带货成为热词。受新冠肺炎疫情影响，线下实体店营业受到冲击，网购、带货成为商家的主要销售方式。弗若斯特沙利文咨询公司（Frost & Sullivan）数据显示，以总流水计算，我国视频直播行业的市场规模由 2015 年的 64 亿元增长到 2019 年的 1 082 亿元，年复合增长率高达 103%。其大数据分析表现出的广告触达率、转化率、精准率以及销售量、销售额的优势更让传统媒体广告难以企及。《海外网红营销 2020 发展趋势报告》的研究数据表明，89% 的人认为来自网红营销的投资回报率优于其他营销渠道。

在直播带货中，出现了扶贫直播带货。扶贫直播带货首先要讲求公益性，其次才是以好的直播效果助推商业变现。在扶贫直播带货中，农产品的供应链、仓储、物流配送是重要的环节，涉及产品再加工、价格、包装、品质等方面，专业性很强，选品的好坏优劣直接影响到媒体的公信力和权威性，而这一方面媒体从业者并不擅长，必须依托当地政府和机构。

网红经济作为一种新型经济业态，指一系列依托互联网平台的特定商业模式和变现模式，是从网红的发掘与培养，到依托网红庞大的粉丝群体进行定向营销，再将粉丝转化为购买力并最终实现变现的一个过程。在网红背后存在着一个巨大的推手——网红经纪公司，我们一般称之为"MCN公司"。MCN 公司对于网红来说，就像经纪公司对于明星。因此，MCN 公司首先要做的就是发掘网红并进行"孵化"。

（2）殡葬服务

《入殓师》这部电影，让更多人了解了殡葬业。我国每年的殡葬消费达上百亿元。入殓师这一职业最早起源于日本，后由浙江省殡葬业牵头从台湾地区将入殓师的技术流程引入中国大陆。入殓师又称作"葬仪师"，其主要工作就是为死者还原之前的面容和状态；有些根据家属需求还要给死者整修面容和身体，尽量让死者在死之后显得更加有尊严。随着人们生活水平的提高，殡葬服务还增加了主持追思会、代客祭扫、拍摄告别祭奠视频等职能。而随着中国老龄化社会到来，对入殓师的需求也会日趋增加，殡葬业特别是入殓师这一行业的前景非常乐观。

（3）家政行业

随着人们生活水平的提高，家政服务业不再局限于清洁、做饭等传统的项目。在北京、上海等地，已经出现了有本科生甚至研究生做家政服务的事例。《新京报》的微博曾登过一则消息：一位 32 岁的研究生毕业后当了两年教师再转行做保姆，月收入达 1.2 万元以上。高学历保姆悄然兴起，一些收入高的客户更愿意花钱请高学历保姆，他们能辅导孩子功课，让客户更放心。与家政相关，还有近年兴起的收纳师。收纳师提供家庭整理服务，并按小时收费。家政行业的这些变化体现了人们对美好生活的需求。

（4）数字化管理师

随着数字化技术向各行业快速渗透，企业数字化转型，数字化管理师、在线学习服务师、全媒体运营师等新职业应运而生。数字化管理师在2019 年被纳入新职业范畴，我国数字化管理师从业人员在不到两年时间已超过 200 万人。随着互联网的普及，现在很多企业都有数字化管理的需求。数字化管理师主要将复杂事情简单化，为企业提供清晰化管理的最优解决方案。他们帮助企业构建数字化组织，优化人才配置，让生产制造流程更加现代化、员工工作方式更加灵活多样。人社部 2019 年发布的《新职业——数字化管理师就业景气现状分析报告》显示：87% 的数字化管理师薪资是当地平均工资的 1~3 倍，按照 10∶1 的比例配备数字化管理师的企业，比没有配备数字化管理师的企业工作效率高出 35%~50%。

5. 正确看待新兴职业

新职业的出现并非短期现象，也不是职业内容的简单更新，其背后反映的是我国经济发展与产业升级的前沿方向，更是技术进步、组织与商业模式变革以及需求升级带来的长期趋势。新职业的出现，在无形中改变了整个生态圈。新职业的"新"，不仅体现为职业内涵新，还体现为就业形式新、雇用关系新等方面。新职业的潜力和未来发展趋势还未被市场完全认知。如青年人喜爱的密室逃脱已经孵化出密室剧本、密室音效、密室中控运营等一批岗位；还有私影行业出现的观影顾问、版权购买师，室内聚会管家，VR 行业的 VR 指导师，餐饮行业的轻食套餐设计师、宠物烘焙师等。这些职业和社会发展相关，和特定年龄群体的兴趣爱好相关，而未来老龄化加剧，也有可能出现与老年人兴趣爱好相关的职业。这些职业尽管看上去小众，但在消费需求不断升级的过程中存在着巨大的发展潜力。从目前来看很多新职业需要大量的技能人才，身为劳动者的我们应关注新职业发展的长期趋势，在新职业中找到更广阔的发展空间。而社会也应加大培训资源供给，建立长效学习机制，构建和完善线上培训系统，完善新职业人才培养体系，让更多从业者可以获得新职业技能，在新职业中得到充分发展。

主题二

个人消费与规划

[主题解读]

1. 理论依据

根据经济学"生产与消费的关系"以及中国财经素养教育协同创新中心发布的《中国财经素养教育标准框架》（高中）"维度一：收入与消费"中"结构二：个人消费与规划"展开。

2. 现实依据

重视消费、扩大内需特别是消费需求是我国经济发展的长期战略方针。"十四五"规划纲要在第四篇便阐述了"形成强大国内市场，构建新发展格局"的战略部署，明确提出将全面促进消费①。党中央高度重视促进消费特别是新型消费。我们每个人都是消费者，面对互联网时代的新型消费，有必要教会学生认识消费、辨别消费陷阱、做理智的消费者。

---

① 阮丽熔."十四五"，全面促进消费的五大重要举措[EB/OL].（2021-03-15）[2021-11-30].https://m.thepaper.cn/baijiahao_11709735.

当下，在国际环境不稳定性、不确定性日益增强及新冠肺炎疫情叠加影响下，在"以国内大循环为主体"的新发展格局下，扩大消费更成为历史性战略任务。中国连续 8 年成为全球第一大网络零售市场，新型消费快速发展，满足了消费者个性化、多样化的需求，但同时我们身边存在着各种消费陷阱。通过本课的学习，学生应学会辨识身边的消费陷阱，理解并尊重不同的消费方式，并在有限的预算条件下学会收集信息、对比优劣、优化消费组合，实现消费效用最大化。学生还应学会控制自己的消费行为，形成合理的消费观念，做理智的消费者。

第三课 做理智的消费者

一、课前准备

（一）资料准备

（1）文字资料准备：学案 、"关于高中生零花钱使用情况调查（含学生和家人网购情况调查）"问卷，并做出数据分析。

（2）视频准备：中央广播电视总台 3·15 晚会相关视频以及消费陷阱、"断舍离"等相关视频。

（二）教学设计

1. 教学目标

（1）必备知识目标：了解"蜥蜴脑"及对个人消费的影响，了解边际消费，了解"酷抠族""断舍离"及慢时尚等新消费方式。

（2）关键能力目标：能够辨别商家促销套路，克制消费冲动，学会合理制订消费计划、培养理性消费的能力。

（3）财经素养目标：通过学习几种有代表性的消费方式，理解并尊重不同的消费方式，能够对自己的消费行为和特点进行判断，学会控制自己的消费行为，形成合理的消费观念，做理智的消费者。

（4）核心价值目标：教育学生科学、合理消费，学会生活；继承和发扬勤俭节约、艰苦奋斗的优良传统。

2. 教学框架

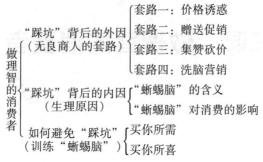

3. 教学重难点

（1）"蜥蜴脑"与消费；

（2）如何做到理性消费。

4. 教学建议

（1）播放 2021 年中央广播电视总台 3·15 晚会视频——《谁在偷我的脸》《老人手机里的安全陷阱》导入①。

（2）可以以"精致穷""粗糙富"为话题进行讨论或辩论。

二、课程中的教学安排

（一）核心知识点一：消费者"踩坑"的外因（无良商人的套路）

【学习目标】伴随中国经济的腾飞，尤其是互联网时代的到来，市场上的消费产品越来越多，无良商人的套路亦花样百出。通过学习，了解消费者在消费中"踩坑"的外因，即"无良商人的套路"。

【活动引入】学生吐槽商家的套路，讲讲自己在消费中不小心踩过的"坑"。

同学们说得很好。下面我们就一起来总结一下商家给消费者设计的"坑"。

---

① 谁在偷我的"脸"？［EB/OL］.（2021-03-15）［2021-11-30］.https://tv.cctv.com/2021/03/15/VIDEDQhdfQHixhEbgRL82DMw210315. shtml.

套路一：价格诱惑

（1）临界价格：在视觉上和感性认识上让人有第一错觉的价格。例如：以100元为界线，那么产品价格可以设置为99元或99.6元、99.8元。再比如10元设为9.9元、50元设为49元。如此等等，屡试不爽。这种临界价格会让消费者产生错觉：该商品价格并没有达到一个上限，不过是几十块甚至几块而已。

（2）假促销：先涨价再优惠，尤其在传统节日、"电商节"来临前。

（3）"秒杀价"：看起来优惠大，实则和平时价格相比并没有让利多少。

（4）"满减"优惠：往往附加条件不少。例如：不能和优惠产品共享，参与"满减"的商品价格较高。又如："满3单免1单"，就是要让消费者多买东西，买了之后说不定还会出现附加条件。

（5）会员价：充值预存资金成为会员，享受会员价消费。这种情况在奶茶店、花店、美容店、健身房、饭店等餐饮娱乐甚至教育培训机构普遍存在。这是商家回笼资金的妙计，等消费者要消费时，该商家可能已倒闭了。

套路二：赠送促销

让顾客觉得实惠。例如：买A商品赠送B商品，或买一送一、买二送一。赠送分为横向套装赠送（带玩具的儿童奶、买酸奶送杯子）和纵向套装赠送（买手机送话费，买书送朗读二维码）。又如：食品类买新鲜的送快到期的，买贵的送便宜货，等等。

套路三：集赞砍价

几乎是"万物皆能助力"，比如集满多少赞"商品免费得""免费美甲"等。商家采用这种方式诱导消费者将相关消息转发给好友并让其点赞、砍价等，从而获得流量。

套路四：洗脑营销

流量明星、社会名人广告充斥各个平台。他们以现身说法或低价诱惑并反复播放的方式来"折磨"消费者，保健品、美容美发、保险、健身等领域尤其如此。其广告制作水平低劣，让大众深感不快。

这些套路往往是商家诱导我们不停购买，从而销量屡创新高的外因。那诱导我们不停购买的内因是什么？

（二）核心知识点二：消费者"踩坑"的内因（了解"蜥蜴脑"）

【学习目标】通过分析消费问卷，归纳常见的消费心理，弄清消费者消费时"踩坑"的生理学原因，即了解"蜥蜴脑"。

【活动引入】

（1）以 PPT 展示问卷调查的分析结果；

（2）根据问卷结果，让学生谈谈在零花钱使用以及网购方面的合理以及不合理之处；

（3）结合问卷结果，归纳常见的消费心理及其背后的生理学原因。

常见的消费心理包括：从众心理、求异心理、攀比心理、求实心理……这些消费心理的产生，有其生理学原因。

1. 什么是"蜥蜴脑"

米勒（Jonathan Miller）说"蜥蜴脑"是"一个不被我们感知、也无法被我们掌控的'自发自我'，它支撑着人类的多项认知和行为能力，这些能力数量之多简直令人称奇"。例如：人们的血液运行、呼吸和消化、说话、直立、抓住飞来的球以及各种感觉等都是由它负责的。不仅如此，它还负责把感官接收的大量信息转化为可被大脑理解的信息模式，从而让我们理解看到的和听到的东西[①]。

换句话说，一切维持我们生存的内在机制都是"蜥蜴脑"负责的。"蜥蜴脑"是人脑中掌管与理性思考无关的部分，也被科学研究证实是掌握本能的古老部分。通俗地说就是这个部分并不是用我们大脑所掌管的擅于分析且理性的那块结构，而是大脑中掌控着感情用事、缅怀过往的一部分区域。因此我们也可以把"蜥蜴脑"理解为自动式思维系统、无意识思维、自发意识等。

2. "蜥蜴脑"对我们消费的影响

"蜥蜴脑"对我们消费的影响主要有以下三个方面：

---

① 柯明斯. 蜥蜴脑法则［M］. 刘海静，译. 北京：九州出版社，2016.

第一，影响我们的认知。例如：对带臭味的美食的不同态度；临界价格，错觉。

第二，影响我们的心理。例如：土鸡蛋、土鸡、土鸭更贵是因为营养价值更高；阶梯价格。

第三，影响我们的思维。例如："双十一"东西便宜，赠送促销便宜。

可见，我们的消费欲望不仅是商家的套路激发的，更是我们自己潜意识作祟。所以，我们要想理性消费，最重要的是要学会控制"蜥蜴脑"。

（三）核心知识点三：学会控制"蜥蜴脑"，避免"踩坑"

【学习目标】结合我们学习的刺激消费的外因（无良商人的套路）和内因（"蜥蜴脑"），通过对三种消费方式的学习，学生应学会在消费中避免"踩坑"，即学会控制"蜥蜴脑"。

【问题引入】请结合我们学习的刺激消费的外因（无良商人的套路）和内因（"蜥蜴脑"），探讨如何才能做出正确的消费选择。

1. 买己所需，不做"剁手党"

研究发现，一个人的"蜥蜴脑"比他的理性反应快 0.03 秒，而很多决定都是在这 0.03 秒内做出的。这就需要我们运用理智寻找各种理由在 0.03 秒中说服"蜥蜴脑"，同时采取行动。简而言之，要定期整理"库存"。例如，拿着买的面膜，马上看看自己的脸，想想用了那么多面膜，有效吗？再打开抽屉把上一年买的甚至两年前买的都拿出来放到眼前，这样会使"蜥蜴脑"做出"买了无用"的反馈，降低冲动消费的欲望。

事实证明，如果我们经过漫长而重复的训练，达到熟能生巧的阶段后，理性的有意识思维也能把一个任务转交给自动式思维系统（内在"蜥蜴脑"）。我们反复训练我们的"蜥蜴脑"，以便在无意识情况下尽可能多地做出正确选择。这些训练可促使我们对"买己所需"形成条件反射，克制消费冲动。

2. 买己所喜，提倡极简主义

边际效用是指消费者在使用商品时所感受到的满足程度。边际效用与喜爱程度成正比，与商品数量成反比。当我们买己所喜时，就会珍惜它、重视它，我们追求的不就只是数量、种类、花样，而是我们真正所需、所喜。我们的消费方式已不限于纯粹物质享受，已进入较高层次的精神层面，即追求极简主义（minimalism）的生活方式。

极简主义往往让我们联想到家居设计、服装设计风格。居室设计极简主义是 20 世纪 60 年代兴起的一个艺术派系。极简主义并不局限于艺术或设计，它是极简主义者（minimalist）奉行的一种哲学思想、价值观以及生活方式。

例如：设计师乔布斯（Steve Jobs）年轻时家里有个比较夸张的落地灯，看着很不错，但使用起来并无特别之处。而后乔布斯的家处处都体现了他的极简主义：家里几乎没什么家具和配饰，只有他非常崇拜的爱因斯坦的画像、蒂芬妮落地灯、一张床、一把椅子。他不主张拥有很多东西，但一旦选择了就要细心呵护。

【教师总结】训练"蜥蜴脑"，买己所需；避免边际效用为负，买己所喜；提倡极简主义，助己走出消费主义陷阱，做一名理智的消费者。（播放视频《跳出消费主义陷阱》①）

跳出消费主义陷阱，有助于做理智的消费者。下面我们一起分享三种消费方式，体会它们的共性。

消费方式一：走进"酷抠族"

"酷抠族"是指拥有高学历、较高收入的人群。他们精打细算过日子，通过转移消费重点，更好地配置"有数"的金钱，追求简单生活、自然的幸福，摒弃奢侈消费，在不影响生活质量的前提下，用最少的钱获取最大的满足感。

"酷抠族"不是守财奴，他们诠释的"抠"是另一种含义：精明、理性地消费。理性消费不是抑制消费，而是有计划、有目的地消费。

消费方式二："慢时尚"的兴起

2021 年 2 月 8 日出版的《看天下》刊登了《"慢时尚"正在承包年轻

---

① 跳出消费主义陷阱：当代年轻人实用理财指南［EB/OL］．［2021-11-30］. https://video.sina.cn/edu/2021-02-25/detail-ikftpnny9602182.d.html? C%E7%BC%83%E6%A5%81%E6%83%A1%E6%BF%82%E5%86%B2%E5%BC%B8%E5%A8%B4%E7%96%AF%E7%AB%9F%E7%80%A3%E5%A4%8B%E5%9E%99appahref.

人的衣柜》一文。文章介绍了快时尚生活的另一面——"慢时尚"开始在欧美兴起。一些品牌运用再生环保面料，主打实用性、耐穿性，而不再一味设计昙花一现的新款。"慢时尚"是一种时尚潮流，相对于"快时尚"而言，"慢时尚"的"慢"主要表现在经典、持久、独特、环保、怀旧等方面。"慢时尚"是一种消费理念，也是一种环保表现方式；"慢时尚"的另一种表现方式是私人定制。与追求平价、潮流、款式更换快的"快时尚"相比，"慢时尚"追求经典，注重环保，表现出对地球生态负责任的态度。

消费方式三："断舍离"的生活

【视频引入】播放视频：陈数探访"断舍离"的秘密①。

何为"断舍离"？"断"，即断绝不需要的东西；"舍"，即舍去多余的物品；"离"，即脱离对物品的执着追求。选择物品的窍门，不是"能不能用"，而是"我要不要用"。"断舍离"是一种生活态度，意思是把那些不必需、不合适、过时的东西统统断绝、舍弃，并切断对它们的眷恋。"断舍离"之后才能过简单清爽的生活。"断舍离"出自日本杂物管理咨询师山下英子所著图书《断舍离》。这种消费方式使整理师职业大火，并成为一种人生哲学。

讨论：怎么看待勤俭节约、艰苦奋斗？

今天我们了解了产生消费意愿的内因和外因，以及三种理性消费方式。这些消费方式大都倡导简约、实用、环保，不仅对个人、家人日常生活有所启示，对社会也有益。它们既是消费方式，也是生活理念、生活哲学，值得我们慢慢感悟。

三、课后复习

（一）课后延伸

（1）设计记账本以及每周、每月购物清单，找出非理性消费项。

---

① 陈数《SHU 理生活》开播典礼采访现场解读 SHU 的含义 ［EB/OL］．（2018-12-27）［2021-11-30］．https：//v.qq.com/x/page/x0788n45mgn.html.

（2）定期整理所购买的生活用品、零食、消费品等，训练"蜥蜴脑"，做理性的消费者。

（3）好书共读：《断舍离》。

（二）教学反思

随着经济的不断发展、家庭财富的不断增加，中学生形成科学、理性的消费观念对其实现人生幸福具有重要的意义。本堂课的主要目的是让学生了解一些消费陷阱，以及从生理、心理学角度让学生明白人们产生冲动消费的原因，知道冲动消费是可控的。

学生正确消费观的形成需要个人、家庭、学校和社会的共同努力。在教学过程中，不能限于空洞的说教，要结合学生的生活实际，注重体验式、情景式、互动式教学，要让学生真正有所收获。

（三）素材链接

1. 2021年国务院政府工作报告有关消费的内容（摘自《2021年国务院政府工作报告》）

形成强大国内市场，构建新发展格局。把实施扩大内需战略同深化供给侧结构性改革有机结合起来，以创新驱动、高质量供给引领和创造新需求。破除制约要素合理流动的堵点，贯通生产、分配、流通、消费各环节，形成国民经济良性循环。立足国内大循环，协同推进强大国内市场和贸易强国建设，依托国内经济循环体系形成对全球要素资源的强大引力场，促进国内国际双循环。建立扩大内需的有效制度，全面促进消费，拓展投资空间，加快培育完整内需体系。

今年要重点做好以下几方面工作。

…………

（四）坚持扩大内需这个战略基点，充分挖掘国内市场潜力。紧紧围绕改善民生拓展需求，促进消费与投资有效结合，实现供需更高水平动态平衡。

稳定和扩大消费。多渠道增加居民收入。健全城乡流通体系，加快电商、快递进农村，扩大县乡消费。稳定增加汽车、家电等大宗消费，取消对二手车交易不合理限制，增加停车场、充电桩、换电站等设施，加快建设动力电池回收利用体系。发展健康、文化、旅游、体育等服务消费。鼓励企业创新产品和服务，便利新产品市场准入，推进内外贸产品同线同标同质。保障小店商铺等便民服务业有序运营。运用好"互联网+"，推进线上线下更广更深融合，发展新业态新模式，为消费者提供更多便捷舒心的服务和产品。引导平台企业合理降低商户服务费。稳步提高消费能力，改善消费环境，让居民能消费、愿消费，以促进民生改善和经济发展。

2.《中华人民共和国国民经济和社会发展第十四个五年规划和2035年远景目标纲要》有关消费的内容

形成强大国内市场，构建新发展格局。坚持扩大内需这个战略基点，加快培育完整内需体系，把实施扩大内需战略同深化供给侧结构性改革有机结合起来，以创新驱动、高质量供给引领和创造新需求，加快构建以国内大循环为主体、国内国际双循环相互促进的新发展格局。

畅通国内大循环。依托强大国内市场，贯通生产、分配、流通、消费各环节，打破行业垄断和地方保护，形成国民经济良性循环。优化供给结构，改善供给质量，提升供给体系对国内需求的适配性。推动金融、房地产同实体经济均衡发展，实现上下游、产供销有效衔接，促进农业、制造业、服务业、能源资源等产业门类关系协调。破除妨碍生产要素市场化配置和商品服务流通的体制机制障碍，降低全社会交易成本。完善扩大内需的政策支撑体系，形成需求牵引供给、供给创造需求的更高水平动态平衡。

促进国内国际双循环。立足国内大循环，发挥比较优势，协同推进强大国内市场和贸易强国建设，以国内大循环吸引全球资源要素，充分利用国内国际两个市场两种资源，积极促进内需和外需、进口和出口、引进外资和对外投资协调发展，促进国际收支基本平衡。完善内外贸一体化调控体系，促进内外贸法律法规、监管体制、经营资质、质量标准、检验检疫、认证认可等相衔接，推进同线同标同质。优化国内国际市场布局、商品结构、贸易方式，提升出口质量，增加优质产品进口，实施贸易投资融合工程，构建现代物流体系。

全面促进消费。增强消费对经济发展的基础性作用，顺应消费升级趋势，提升传统消费，培育新型消费，适当增加公共消费。以质量品牌为重点，促进消费向绿色、健康、安全发展，鼓励消费新模式新业态发展。推动汽车等消费品由购买管理向使用管理转变，促进住房消费健康发展。健全现代流通体系，发展无接触交易服务，降低企业流通成本，促进线上线下消费融合发展，开拓城乡消费市场。发展服务消费，放宽服务消费领域市场准入。完善节假日制度，落实带薪休假制度，扩大节假日消费。培育国际消费中心城市。改善消费环境，强化消费者权益保护。

3. 中国出台新政策 加快消费转型升级

中国国务院办公厅正式发布《关于以新业态新模式引领新型消费加快发展的意见》（以下简称《意见》）。这份文件在加大力度推动线上线下消费有机融合、加快新型消费基础设施和服务保障能力建设、优化新型消费发展环境、加大新型消费政策支持力度等方面有针对性地提出了多项新举措，以进一步激发市场主体活力、加快消费转型升级。

近年来，在新一轮科技革命和产业变革的大背景下，中国以网络购物、移动支付、线上线下融合等新业态新模式为特征的新型消费快速发展，对满足居民生活需要、释放国内消费潜力、促进经济平稳健康发展发挥了重要作用。2019 年消费对中国经济增长的贡献率为 57.8%，已连续 6 年成为拉动经济增长的第一动力。在 2020 年新冠肺炎疫情期间，新型消费发挥了巨大作用。

国家发展和改革委员会副秘书长高杲说："今年（2020 年）以来，新冠肺炎疫情对消费领域造成较大冲击，居民非必需品、聚集性、流动性、接触式消费受到严重抑制，成为经济恢复的薄弱环节。但与此同时，各种新业态新模式引领新型消费加快扩容，线上消费逆势增长，有效保障了居民日常生活需要，推动了经济稳步复苏、企稳回升。"高杲还说，出台推动新型消费加快发展政策文件的目的是要着力补齐新型消费短板、破除体制机制障碍、打通痛点难点堵点，进一步激发市场主体活力，促进线上线下消费深度融合，努力实现新型消费加快发展，为形成以国内大循环为主体、国内国际双循环相互促进的新发展格局提供坚实支撑。他还表示，此次出台的《意见》在政策取向、制度设计等方面，也有一系列探索和创新。高皋说："这次提出探索新型消费贸易流通项下逐步推广人民币结算的问题，这实际是顺应了跨境电商的发展潮流。安全有序推进数据商用，这也是我们在推动新型消费过程中，广大消费者越来越关注的问题，探索发展消费大数据服务。另外，在规划建设新型消费网络节点，着力建设辐射带动能力强、资源整合有优势的区域消费中心，加强中小型消费城市梯队建设，进一步优化零售新业态新模式的营商环境，探索实行'一照多址'，试点推行告知承诺制等。"

针对新型消费，尤其是网络购物、移动消费场景下出现的消费者合法权益被侵犯、个人信息被泄露以及老年人等群体使用不方便等问题，工业和信息化部信息技术发展司负责人李颖表示，将加大服务力度，为消费者营造更加安全、便捷的消费环境。李颖说："切实保障消费者合法权益。针对银发族等群体，要进一步加大服务力度，普及移动支付、网络安全等信息知识，营造'会消费''敢消费''愿消费'的良好氛围。"

（魏郁. 中国出台新政策 加快消费转型升级［EB/OL］.（2020-09-22）［2021-11-30］. https://baijiahao. baidu. com/s？id=1678534880402432105&wfr=spider&for=pc.）

4. "悦己经济"

古有"女为悦己者容"，今有"悦己经济"。"悦己经济"指的是消费者在消费时取悦自我。随着国民收入水平不断提高，越来越多的消费者开始转变消费理念，持续从功能层面的"衣食住行"向追求高品质生活跃进。消费者的市场表现和电商大数据表明，"悦己消费"正逐步成为主流消费模式，消费者更愿意在最大消费能力范围内取悦自我，"悦己经济"市场可谓商机无限。

5. 正确看待年轻人的"抠门儿"

随着时间的推移，以"90后""00后"为代表的年轻消费群正在进入消费主场，他们的消费需求成为推动下一阶段商业消费的巨大引擎。年轻人究竟会为了什么而买单？在"省呗"看来，年轻群体的消费习惯可以用复杂却不失精明来形容。年轻人很"抠门儿"，选购商品时喜欢多方比价，在拼团购、社交电商等省钱模式的参与度也较高，最常见的操作就是向好友借视频会员、外卖拼单、"砍"优惠之类的信息，"薅羊毛"成为年轻群体消费的小乐趣。但在"抠门儿"的同时，年轻人不惜花大价钱购买名牌球鞋、花钱为偶像打榜、假期旅游、为知识付费等，同时也乐意花重金为家人和自己购买各种意外险、重疾险。简而言之，年轻人在小问题上能"抠"则"抠"，但是对于"刚需"却是能花就花。

"省呗"分析认为，当下年轻人的"抠门儿"是建立在正常消费基础上的一种节约，简称"抠门有道""抠中作乐"。对于年轻群体来说，努力赚钱的意义不再只是为了生存，而是让生活变得更加有期待，是用有限的资源满足最大化的快乐，是把钱花在刀刃上、懂得享受生活以及合理支配金钱的表现，而非真正的"抠"，也不是要做个"守财奴"。

省钱和"抠门儿"是两个概念，省钱是合理的勤俭节约，省去不必要的开支；而"抠门儿"是在有能力的情况下，不仅在日常生活中苛待自己，对身边的人也一毛不拔甚至占小便宜。"省呗"的"省"有三层含义：节省——把钱用到刀刃上；自省——关注自我增值；省心——为大家提供省心的生活。同时，"省呗"倡导理性消费、适度借贷。

（省呗眼中的年轻群体消费行为：省钱不等于抠门，复杂却不失精明 [EB/OL].（2021-03-15）[2021-11-30]. http://finance.dmkb.net/html/2021/03/125314.html.）

6. 调查问卷

"关于高中生零花钱使用（含网购）情况"调查问卷

您好，非常感谢您在百忙之中接受我们的访问。本问卷的目的在于调查高中生零花钱使用情况，您的回答将给我们提供重要参考，谢谢！

（1）您的性别是_____。

A. 男　B. 女

（2）您的年级是_____。

A. 高一　B. 高二　C. 高三

（3）您一个月的零用钱是_____。

A. 100元以下　B. 100~300元　C. 300~500元　D. 500元以上

（4）您每月的零花钱来源于_____。

A. 父母　B. 祖父母和外祖父母　C. 其他亲戚　D. 勤工俭学
E. 其他

（5）您的零用钱主要用于_____。

A. 购置学习用品（书籍、文具等）　B. 购买娱乐产品（动漫、小说等）　C. 游戏充值（Steam、"暴雪"、手游等）　D. 社交活动（聚餐、服饰、交通等）　E. 餐费及零食　F. 其他

（6）您是否经常在网络上购买东西？

A. 是　B. 否

（7）您平均每月网络消费的次数是多少？

A. 0次　B. 1~2次　C. 3~4次　D. 5次以上

（8）您选择网购的主要原因是_____。

A. 方便快捷，节省时间　B. 品种齐全　C. 价格便宜　D. 时尚有趣
E. 实体店难以买到　F. 网购时间不受限制　G. 其他

（9）请问您在网络上主要购买哪些东西？

A. 服饰鞋帽　B. 饰品　C. 电子产品　D. 生活日用品　E. 书籍
F. 其他

（10）请问您平均每个月花费在网购上的费用是多少？

A. 100元以下　B. 100~300元　C. 300~500元　D. 500元以上

（11）您每个月零花钱的使用情况是_____。

A. 精打细算，零花钱基本够花　B. 没有计划，零花钱基本够花
C. 精打细算，不够花　D. 没有计划，不够花　E. 精打细算，零花钱用不完
F. 没有计划，零花钱用不完　G. 其他

（12）您每个月的零花钱是否有剩余？

A. 是　B. 否

（13）您在购买商品过程中，是否考虑过"货比三家"？

A. 是　B. 否

（14）一般情况下您的花钱方式是_____。

A. 列好计划再消费　B. 能省就省　C. 看心情花钱，想花就花
D. 有记账的习惯　E. 其他

（15）您目前的零花钱能否满足你的需要？

A. 勉强能　B. 刚好　C. 绰绰有余　D. 不能

（16）2020 年"双十一"您的网购金额是_____。

A. 100 元以下　B. 100～300 元　C. 300～500 元　D. 500 元以上

（17）2020 年"双十一"您家人的网购金额是_____。

A. 100 元以下　B. 100～500 元　C. 500～1 000 元　D. 1 000～5 000
元　E. 5 000 元以上

7. 分享叶嘉莹的故事

穿裙子的士

叶嘉莹，号迦陵，女，1924 年 7 月出生于北京的一个书香世家，中国古典文学研究专家。现为南开大学中华古典文化研究所所长，中华诗词学会名誉会长，博士生导师，加拿大皇家学会院士。1945 年毕业于辅仁大学中文系。曾任台湾大学教授，美国哈佛大学、密歇根州立大学及哥伦比亚大学客座教授，加拿大不列颠哥伦比亚大学终身教授，并受聘担任中国多所大学客座教授及中国社会科学院文学所名誉研究员。2016 年 3 月 21 日，叶嘉莹获得 2015—2016 年度"影响世界华人大奖"终身成就奖。2018 年 4 月，入选改革开放 40 周年最具影响力的外国专家名单。2019 年 9 月，获南开大学教育教学终身成就奖。2021 年 2 月 17 日，获"感动中国 2020 年度人物"荣誉。叶嘉莹 90 岁生日时，国务院原总理温家宝向她发去贺信。温家宝在信中称赞她心灵纯净、志向高尚，诗作给人以力量。《人民日报》评论她："为中国诗词之美吟哦至今，更活成了人们心中的诗。九十载光阴弹指过，未应磨染是初心。诗词养性，先生风骨为明证。"

　　南开大学设立"迦陵基金"的"迦陵"二字取自叶嘉莹先生的号，叶嘉莹先生号迦陵——取自佛书上一种鸟的名字。《正法念经》中说："山谷旷野，其中多有迦陵频伽，出妙音声。"迦陵在中国又被称作妙音鸟，而叶嘉莹先生的一生苦难颠沛，但她却有颗赤诚之心，致力于传播中华优秀传统文化，像迦陵鸟一样把诗词之美带给所有人。叶嘉莹陆续将自己的全部财产 3 500 多万元捐赠给南开大学教育基金会，设立"迦陵基金"用于支持中华优秀传统文化研究。

　　叶先生是"一生颠沛流离，却度人无数"。叶先生正是用诗词之舟度化了无数中国人，读诗讲诗近 90 载，她将中国诗词的韵味之美传到了哈佛大学，传到加拿大，也投射到席慕蓉、白先勇等弟子心中。叶嘉莹荣获 2018 年度最美教师称号。

　　叶嘉莹先生一直以传播中国文化为己任，但谁也不会想到这个蜚声海内外的大师的生活简单到极致：一人独立生活很多年，经常一锅开水，青菜往里头一煮，蒸几个馒头，就是一顿。她说自己有诗词为伴，不需要人陪，直到 2008 年，身体抱恙才请了保姆，照顾日常起居饮食。对于这些现实的物质，叶先生从来不在乎，也不计较。因为，她的内心有一个世界，完全被诗词充满，丰富而充盈，她的人生因此而获得完整和纯粹。正如她所言，人生最重要的是保持自己的真心性和心灵的一片清净洁白。

　　这位老人，用了一生的时间，只做了一件事：将中国古诗词的美带给世人。很多人尊称她为中国最后一位"穿裙子的士"。2016 年 3 月，叶嘉莹在影响世界的华人盛典上，荣获"影响世界华人终身成就奖"。颁奖词中这样写道："从漂泊到归来，从传承到播种，有人说她是中国为数不多的穿裙子的'士'，她替未来传承古典诗词命脉，她为世界养护中华文明根系。千年传灯，日月成诗。"2020 年度感动中国颁奖词则写道："桃李天下，传承一家。你发掘诗歌的秘密，人们感发于你的传奇。转蓬万里，情牵华夏，续易安灯火，得唐宋薪传，继静安绝学，贯中西文脉。你是诗词的女儿，你是风雅的先生。"

　　叶嘉莹的一生，是诗词的一生，更是不幸的一生。但她说："我的人生不幸，一生命运多舛，但从诗词里，我就能得到慰藉和力量，有了诗词，便有了一切。"曾经的不幸，在叶嘉莹先生的脸上没有留下半点痕迹，她始终都是风轻云淡，每当有人询问叶嘉莹，中国的诗心是否消失，诗词是否灭亡，她便会用自己写的《浣溪沙·为南开马蹄湖荷花作》一词去回复。她说："我想在我离开世界以前，把即将失传的吟诵留给世界，留给那些真正的诗歌爱好者。"

8. 分享袁隆平的故事

简朴一生的"水稻之父"

　　2021 年 5 月 22 日，袁隆平院士去世的消息在网上播出。大家回忆他的一生和贡献，发现袁老是一个低调而伟大的人。比如他的简易住宅引起了网友的热议。他家的客厅比较小，沙发、电视柜、小餐桌等家具占据了客厅的大部分，显得有些拥挤。袁隆平院士有时候会在这个小桌边吃饭。他的生活真的很简单！在多年前对袁隆平院士的采访中，他的卧室也被拍到。看到卧室的全貌后，采访的记者感叹家具有些年头了。袁隆平院士的卧室陈设有老式电视机、贴有贴纸的衣柜和老式木床。虽然袁隆平院士的大儿子曾经提出要装修父亲的卧室，但袁隆平院士拒绝了。

　　在 2019 年被授予"共和国勋章"后，他说："我不能躺在功劳簿上，要尽量做出新的贡献。我最大的愿望就是，饭碗要牢牢地掌握在我们中国人自己手上。"曾经历过粮食短缺痛苦的袁隆平这一代，始终过着简朴的生活。袁隆平把奖给他的一套别墅改造成了实验室，方便他和学生、助手们研究、实验。他每个月的工资只有 6 000 元，再加上补助、技术咨询费，一年也只有 30 多万元。袁隆平每年还要拿出一部分钱资助贫困学生，自己衣着一直非常朴素。他说自己就喜欢这些简单的衣服，不讲那些派头。袁隆平院士坚守清贫，但是他对国家的贡献难以计算！

主题三

投资与风险

[主题解读]

1. 理论依据

根据中国财经素养教育协同创新中心发布的《中国财经素养教育标准框架》（高中）"维度二：储蓄与投资"中"结构三：投资与收益"，确定本主题。

随着中国经济的发展，现阶段中国老百姓手里的"钱"越来越多，如何实现自身及家庭物质财富的可持续发展，过好美好生活，是国家和人民高度关注的事。本主题围绕"投资与风险"展开，意在让学生了解未来可能遇到的风险和如何理财，为实现个人的可持续发展奠定基础。

2. 现实依据

高中阶段学生在必修课学习了货币、利率、利率计算、股票、国债等相关知识。我们在前期调查中发现：高中生对"货币与利率"相关知识的学习兴趣不高；对"储蓄与信贷"中储蓄、信用、贷款消费等相关知识表现出了较高的兴趣；对"投资与收益"中金融投资相关知识有浓厚的兴趣。

高中阶段的学生已经有一定的风险意识、理财意识，但是缺乏系统的相关理论知识和实践经验。教师可利用课前、课中和课后的活动设计，引导学生理解相关知识，为学生未来可能面临的实践奠定理论基础。

第四课　了解投资理财

一、课前准备

(一) 资料准备

1. 教师准备

(1) 阅读相关理财书目，归纳常见的投资理财方式及各自的优缺点；

(2) 提前将学生分组并选出小组长。

2. 学生准备

根据学习任务进行相应的资料查阅、收集，并做好记录。

(二) 设施准备

多媒体教室。

(三) 教学设计

1. 教学目标

(1) 必备知识目标：了解理财与投资、投资与投机的区别；知道常见的投资理财方式及各自的优缺点；认识标准普尔。

(2) 关键能力目标：能对常见的投资理财方式进行优劣比较，培养辨别能力。

(3) 财经素养目标：培养良好的储蓄习惯，提高投资理财的风险意识。

（4）核心价值目标：树立正确的价值观和财富观。

2. 教学框架

投资理财 {
  投资理财 { 含义 / 重要性
  常见方式及其优缺点——储蓄、股票、基金、住房等
  中学生如何理财 { 学会存钱 / 理财的基本要求
  家庭理财 { 标准普尔及标准普尔家庭资产象限图 / 理财需要配备的五张卡
}

3. 教学重难点

（1）区分各种投资理财的方式及其优缺点；

（2）认识合理储蓄的重要性，培养良好的储蓄习惯。

4. 教学建议

（1）采用观看视频的方式导入；

（2）采用理财图书（如《金格格理财逆袭记》《小狗钱钱》等）阅读分享的方式导入；

（3）采用分组讨论方式或举办辩论会方式导入（辩论主题：中学生是否应该理财）。

二、课程中的教学安排

（一）核心知识点一：认识投资理财

【学习目标】

——认识投资理财概念；

——了解投资理财对个人和家庭的意义。

【阅读分享导入】

阅读《金格格理财逆袭记》和《小狗钱钱》后给你留下的最深刻印象是什么？

1. 投资理财

（1）投资，就个人而言，是指用钱去赚更多的钱从而实现"钱生钱"的过程或经济行为。按照不同的标准，投资可分为直接投资和间接投资，也可分为实业投资和金融投资，等等。

（2）理财，就个人而言，指的是对个人和家庭财务（财产和债务）进行系统化管理，以实现财务的保值、增值的行为。

（3）二者关系

投资和理财是我们经济生活的重要组成部分，它们都有利于财富的增值和保值。但二者也有区别：投资一般是短期的行为，侧重关注眼前的利益；而理财一般是长期的行为，侧重关注长远的利益。

2. 投资理财对个人及家庭的意义

（1）抗通货膨胀，实现资产的保值；

（2）追求收益、让钱生钱，实现资产增值；

（3）通过长期财富管理，实现养老无忧；

（4）为家人提供生活所需，实现财务自由；

（5）增强抗风险能力，实现财富积累。

（二）核心知识点二：常见的投资理财方式及对比

【学习目标】

认识各种理财工具。

【调查分享引入】

学生分享家庭成员、亲朋好友的理财故事，比较各种投资理财方式的优缺点。

1. 认识各种投资理财方式

（1）储蓄

储蓄是指个人或家庭把钱存到银行等储蓄机构的经济活动。

储蓄存款，是指个人将其所有的人民币或者外币存入储蓄机构，储蓄机构开具存折或者存单作为凭证，个人凭存折或者存单可以支取存款的本金和利息，储蓄机构依照规定支付存款本金和利息的活动。我国的储蓄机构主要是各商业银行。

（2）基金

广义的基金是指为了某种目的而设立的具有一定数量的资金，主要包括信托投资基金、公积金、保险基金、退休基金等。

狭义的基金主要是指证券投资基金，它是一种利益共享、风险共担的集合证券投资方式，即通过发行基金单位，将社会上大大小小的投资者手中的钱集中起来，交给有关证券投资专家管理和运用，进行股票、债券等金融投资，收入或风险由各个投资者按出资比例分享或承担。作为投资工具，基金的优势主要在于专家经营、专业管理，比较适合于缺乏足够投资知识、时间和精力的投资者。本课所提基金主要指狭义的基金。

（3）股票

股票是股份公司为筹集资金而发行给股东作为持股凭证并借以取得股息和红利的一种有价证券。股市是广大客户的投资渠道。引起股票变动的原因有很多，国家政策变化、行业变化、市场需求变化、公司经营状况变化等都会对股票价格产生影响。

（4）债券

债券是债务凭证，是政府、企业、银行金融机构等债务人为筹集资金，按照法定程序发行并向债权人承诺在一定时期还本付息的有价证券。根据发行者不同，债券可分为国债、金融债券和企业债券。

（5）期货

现货是实实在在的可以交易的货（商品）；期货主要不是货，而是以某种大众产品如棉花、大豆、石油等以及金融资产如股票、债券等为标的的标准化可交易合约。因此，这个标的可以是某种商品（例如黄金、原油、农产品），也可以是金融工具。买卖期货的合同或协议叫作期货合约。买卖期货的场所叫作期货市场。

2. 常见的投资理财方式及其优缺点对比（表4-1）

表 4-1 常见的投资理财方式及其优缺点对比

分类	优点	缺点
储蓄	安全性高，流动性高，灵活支配	收益较低
债券	收益固定	支取灵活性较差
股票	收益高，流动性高	风险高
基金	选择种类多，专人打理，收益较高	各大基金表现不一
住房	固定资产，可租、可用、可卖	变现较慢，受政策环境影响较大
铺面	固定资产，可租、可用、可卖	变现慢，受网购的冲击大
银行理财	选择种类多	各银行、各产品表现不一

（三）核心知识点三：培养储蓄意识

【学习目标】

——了解储蓄；

——认识储蓄的重要性。

【故事导入】中国古代储蓄的由来

桓宽的《盐铁论·力耕》载："丰年岁登，则储积以备乏绝。"这说明在战国时期就已经有了储蓄的意识，不过在当时主要是存储实物，如谷物、牲畜等。伴随货币的出现，西汉储蓄逐渐转为金银和钱币。民间出现了一种叫"扑满"的储蓄工具，类似现在的存钱罐——用黏土烧成的封闭式小瓦罐，顶端开一条能放进铜钱的狭口，有零散铜钱即投入其中，有的腹部还开有一小眼，供插系绳子用，悬吊于梁上，储满后则需打破才能取出存款，装钱只有人口，没有出口。"满则扑之"，故名"扑满"。到了唐代，经济繁荣，出现了商人开办的"柜坊"，代客保管金钱和财物，收取一定的手续费，存钱者凭券或信物前来支领；宋元后"柜坊"演变为"钱庄"；明清后"钱庄""银号"开始接受存款，并有定期储蓄和活期储蓄之分；近代银行出现。

1. 储蓄的含义

储蓄是指个人或家庭把钱存到银行等储蓄机构的经济活动。

2. 储蓄的分类

储蓄主要有银行活期储蓄和银行定期储蓄。银行活期储蓄是储户可以随时存入和提取存款的储蓄方式；银行定期储蓄是事先约定期限、存入后不到期一般不得提前支取存款的储蓄方式。期限越长的存款，得到的利息收入越高。如果提前支取定期存款，将损失掉这笔定期存款的部分利息收入。

3. 储蓄的重要性

会下金蛋的鹅

一天，一位贫穷的农夫在他的鹅舍里发现了一枚金蛋。他的第一个想法是："一定是有人在跟我开玩笑。"但是为了进一步确认，他还是拿着这枚蛋去找了金匠。金匠检查后告诉农夫："百分之百是金子，至纯的金子。"农夫将金蛋卖掉，带着一大袋钱回家了。晚上农夫举办了一个大型的庆祝会。次日黎明时，大家都早早起床，想去看看鹅会不会再下一枚金蛋，结果发现鹅舍真有一枚金蛋。从那以后，农夫每天早上都会收获一枚金蛋，他将其卖掉，逐渐富裕起来。后来，农夫不满足于一个金蛋了，他想知道鹅是怎么生下金蛋的。于是他用刀将鹅砍成两半，但看到的东西，也就是一个尚未成型的金蛋……鹅代表你的钱，如果你存钱，你就会得到利息，利息就相当于金蛋。

7 岁开始存钱的洛克菲勒

洛克菲勒（John D. Rockefeller）从小就养成了储蓄的好习惯。7 岁那年，他因为卖火鸡赚了一些钱，他就把钱存起来；16 岁那年他开始闯荡商界，在一家商行做簿记员，他仍然把大部分的钱储蓄起来，渐渐有了积蓄。19 岁那年，他开始做生意，成了一个小有资本的商人。最终，他凭借长期储蓄的资金，获得了一家炼油厂的产权，他借着这家炼油厂起家，最终成功。正是因为他认识到了储蓄带来的益处，在对后代的教育中，他非常重视储蓄习惯的培养。

意外获得的贷款

藤田田是日本麦当劳快餐店的主人。在他年轻时，他想获得特许经营权。这至少需要75万美元的现金，但藤田田只有5万美元。为了实现经营麦当劳的理想，藤田田决定去贷款。当银行总裁听到他只有5万美元，并且也无担保人时拒绝了他。藤田田问："您能不能听听我那5万美元的来历？"总裁点头默许。藤田田说："您也许会感到奇怪，我这么年轻怎么会拥有这笔存款，因为这几年来我一直保持着存款的习惯，无论发生什么情况，我每个月都把工资和奖金的1/3存入银行，不论什么时候想要消费，我都会克制自己咬牙挺过来，因为我知道，这些钱是我为干一番事业积累下来的资本。"总裁非常吃惊，因为总裁的年龄是他的两倍，收入是他的30倍，可存款还没藤田田多。于是总裁立即给藤田田存款的银行去电话，并得到了对方银行的肯定答复。总裁被这个年轻人的毅力和恒心深深感动，把贷款给了他，也因此成就了这位后来在日本商界叱咤风云的人物。

从以上三个故事可以看出，坚持储蓄，会为个人奠定一定的物质财富基础。"巧妇难为无米之炊"，无论我们学习怎样的理财技巧，首先都应该先积累一定的资金。正确的理财观念应该是：收入－储蓄＝支出。当下一些"月光族"的习惯是把所有的收入花光。这是不正确的。应该从青少年开始就养成储蓄的习惯，这样做有两大好处：①避免浪费。有了储蓄习惯就会事先制订计划，减少冲动消费。②量入为出。有了储蓄习惯，就会有计划地安排自己的消费，就会精打细算，通过强制储蓄养成良好的消费习惯，积攒下第一笔财富。

储蓄是人们积累财富的有效手段之一。高中阶段的孩子大都要管理自己的生活费，建议在不影响平时生活的前提下按时将自己的生活费的一部分（如每月生活费的 10%）存起来，养成良好的储蓄习惯。

（四）核心知识点四：学习记账

【学习目标】

——学习记账的重要性；

——了解"延后享受"；

——学习记账的方法。

【小组活动导入】同学们有没有记账的习惯？以小组为单位分享个人记账的小故事。

个人记账是指运用一定的记账方法在账簿上记录所发生的资金往来账目，以便掌握个人或家庭收支情况，实现合理规划消费和储蓄。记账最直接的作用就是摸清收入、支出的具体情况，看看自己到底存了多少钱，用了多少钱，钱都花在了什么地方。还可以知道维持正常的日常生活需要多少钱，剩下的钱可以考虑储蓄和投资，这也是家庭财务规划的基础。

培养良好的消费习惯。通过记账搞清楚钱是怎样花出去的，可以避免大手大脚乱花钱。通过记账管理，可以更理性地消费，把钱花在刀刃上，用更少的钱做更多的事。

坚持记账是自律的表现，是一种习惯养成。记账可以让孩子了解自己的支出情况，从而养成节俭的良好习惯，更合理地管理零花钱；记账可以培养孩子们规划与管理的能力，让他们学会有效安排生活。当然更重要的是记账可以帮助孩子抵制欲望，做到延后享受。

所谓延后享受，就是指延期满足自己的欲望，以追求未来更大的回报。

输了十头牛的牛贩子

有一个牛贩子，一大早去牛市准备购买十头牛。到了中午，还不见回来。直到三更半夜，他老婆才见他无精打采地回来了。他老婆忍不住骂道："怎么到现在才回来？牛呢？"牛贩子小声嘀咕道：

"牛买了，只不过走到半路看到有掷骰子的，我忍不住去掷了两把。"老婆大惊，连忙问："结果呢？""结果输了一头牛。"老婆心比较宽，就问："那其他的九头呢？"牛贩子说："想用其他的牛翻本，却都输掉了。"

糖果实验

美国著名心理学家丹尼尔·戈尔曼曾做过一个延迟享受的实验。他找来一群4岁的孩子，给他们每人一块糖，并告诉他们若能等他回来再吃这块糖，则还能吃到第二块糖。戈尔曼悄悄观察，发现有的孩子只等了一会儿便不耐烦，迫不及待地把糖塞进了嘴里；而有的孩子则很有耐心，而且很有办法，想出做游戏、讲故事之类的方式拖延时间，分散注意力，并最终坚持到他回来，得到了第二块糖。戈尔曼又对这群孩子14岁时和进入工作岗位后的表现进行了跟踪调查，发现晚吃糖的孩子的数学和语文总成绩比早吃糖的孩子平均高出120分，而且意志坚强，经得起困难和挫折，更容易取得成功。

我们常常听到很多"月光族"案例，他们不能抵制诱惑，不懂得延后享受，就像故事中的牛贩子一样。自律不容易，但我们要学会自律、自省。这不仅有利于积累财富，而且能够培养坚强的意志，不怕困难与挫折，从而更容易成功。

问题：自律给我们自由，坚持记账没有想象的那么难。那么该如何记账呢？

1. 记录和整理

将每日的花费情况进行记录。如果没有时间记录，可先把票据保存下来，一星期后进行整理，再记录下来。

2. 分析自己的账本

如果把自己的消费记录下来就不管了，那么记账是根本没有用的。我们记账的时候不仅要准确地记录，还应该做到具体分析：哪些是有利于自己成长的，哪些是不利的；哪些是可以节省的，哪些开支是不必要的；要有所用，有所不用。比如：购买同样的文具或书本时，选择不同的渠道（实体店、网店），参加不同的活动（团购、打折）想必会减少不少支出，节省下来的钱又可以用于满足个人爱好（购买绘画工具、相册）。

3. 制订支出预算

要控制自己消费，制订预算也是非常必要的。在月初（周初）做预算，在月底（周末）进行比对复盘，把可以花的钱全都记在一个专门设置的现金账户中。换句话说，就是采取预算控制法，尽量把每个月或者每周的花费控制在预算内，同时通过预算的控制发现自己的不足，并在此基础上调整计划。

（五）核心知识点五：家庭理财

【学习目标】

——认识标准普尔；

——理解家庭理财的系统性。

【小组活动导入】如果你家有 500 万元，你来当家，你会怎么用？个人做好规划后，小组商议，探讨一个最佳方案并分享。

1. 标准普尔

介绍标准普尔（Standard & Poor's）[1] 和标准普尔家庭资产象限图。标准普尔是世界权威金融分析机构。标准普尔曾调研全球十万个资产稳健增长的家庭，分析并总结出他们的家庭理财方式，从而得到标准普尔家庭资产象限图。这是公认的最合理、最稳健的家庭资产配比方式。标准普尔家庭资产象限图把一个家庭的资产分成四个账户。四个账户作用不同，所以资产额度配比和投资渠道也各有不同。家庭只有拥有这四个账户，并且按照固定的、合理的比例进行资产分配才能保证家庭资产长期、稳健、可持续地增长。

2. 家庭理财规划

个人或家庭的理财系统，需要配备五张卡。

---

① 道尼. 标准普尔教你做好个人理财 [M]. 陈议，译. 北京：中国财政经济出版社，2006.

第一张：收入卡。这是一张开源卡。实现自我价值是我们每个人的责任和追求。而要实现自我价值，我们必须首先保证每月有稳定的收入。每个月的收入再分配到下面四张卡中。

第二、三张：日常消费卡。卡内金额一般占家庭资产的 10%，为家庭 3~6 个月的生活费。这又分为两个账户：固定开支账户，每月固定要开支的钱放在这里，比如房租或房贷、车贷、水电费、饭菜钱；梦想基金账户，把你以后所有想买的大宗商品或者"梦想"需要用到的钱分批存入该账户，在一定的时候拿出来"奖励"自己（比如购买一台笔记本电脑，一次家庭旅游……）

第四张：保障卡（涉及意外险、寿险、重大疾病险等）。卡内金额一般占家庭资产的 20%。正所谓"用小小投资，撬动大大保障"。家庭购买保险一般是先给家庭收入的主要贡献者买。因为不确定风险什么时候发生、会有什么样的影响、会持续多久，所以保障人身安全，就是在保障个体创造财富的能力。

第五张：投资卡（功能在于"钱生钱"，重在收益功能）。投资股票、基金、外汇、债券、铺面等。

中学生应以学习为主，在中学阶段接受教育是对自己的一种投资。中学生应积极学习金融知识，掌握一定的财富规划与管理方法。同时，中学生要养成坚持储蓄、学习记账等良好的财富规划与管理习惯，为自己未来的生活打下良好的基础。

三、课后复习

（一）课后延伸

（1）尽量了解、熟悉常见的投资工具；

（2）对自己的储蓄进行规划或对原规划进行修订完善。

（二）教学反思

总体而言，本节课意在引领学生认识到理财对个人和家庭的重要性，了解一些科学投资理财的基本知识和路径。首先，通过课前调查，让学生认识到投资理财就在身边，而且种类繁多。其次，通过阅读分享引导学生明确中学生也可以理财，认识到中学阶段开始尝试投资理财对培养自己正确的金钱观、提升资金管控能力的重要性。教师引导学生开展活动、总结归纳，让学生体会到投资理财与生活幸福、家庭幸福密切相关，进一步培养学生正确的金钱观。

（三）素材链接

1.《金格格理财逆袭记》① 经典语句摘录

《金格格理财逆袭记》是一个身处绝境、一无所有、无路可退的年轻女孩充满眼泪和欢笑的奋斗史，是一个草根女孩华丽逆袭的财富故事。

无才无貌无家世，失恋又失业，普通女青年金格格绝地反击，凭借日积月累，从一无所有到坐拥48处房产，从临时工奋斗到金牌教师，不仅实现了财务自由，还收获了一份真爱。

"凡是不可持续的收入，都不值得炫耀。"

"在你什么都没有的时候，抠是攒下钱的第一步。"

"定投就是在市场低点慢慢积累筹码，等待起飞的那一刻。"

"30万元是什么？是将来生活的种子，是面对未来生活的底气。"

"投资房产的关键是地段，并保证你的现金流。"

"合理制订预算，是理财的第一步，更是创业最重要的一步。"

2.《小狗钱钱》② 经典语句摘录

（1）尝试纯粹是一种借口，你还没有做，就已经给自己想好了退路。不能试验，你只有两个选择——做或者不做。

（2）一个人把精力集中在自己所能做的、知道的和拥有的东西上的那一天起，他的成功就已经拉开了序幕。

（3）你最好想清楚，你喜欢做什么，然后再考虑你怎么用它来挣钱。你只需学会把某些自己不喜欢做而又不擅长做的事情交付给别人就行了。

---

① 夜叶子. 金格格理财逆袭记［M］. 北京：中信出版社，2017.

② 舍费尔. 小狗钱钱［M］. 王钟欣，余茜，译. 北京：中国工人出版社，2002.

（4）你应该在自己遇到困难的时候，仍然坚持自己的意愿。在事情进展得非常顺利的情况下，你也应该每天在固定的时间里，有规律地做这些帮你坚定成功目标的事情。当你决定做一件事情的时候，你必须在 72 小时之内完成它，否则你很可能就永远不会再做了。你要每天不间断地去做对你的未来意义重大的事情。你为此花费的时间不会超过 10 分钟，但是就是这 10 分钟会让一切变得不同。

（5）欠债的人应当毁掉所有的信用卡。应当尽可能少地偿还贷款。应当将不用于生活的那部分钱中的一半存起来，另一半用于还债。最好不要申请消费贷款。

（6）金先生：鹅代表你的钱。如果你存钱，你会得到利息。利息就是金蛋。假如你总是把十分之一的钱变成鹅，那么你一定会变得富有。但如果你想有一天真的很有钱的话，你存的比例可能得再高一些。

（7）最珍贵的礼物是我们自己争取来的。克服了丢面子的恐惧，世界就会向你敞开大门。

第五课　关注个人信贷

一、课前准备

（一）资料准备

1. 教师准备

（1）提前根据学生实际情况进行分组，并选出各组组长；

（2）设计并印制调查问卷。

2. 学生准备

根据学习任务卡进行相应的资料收集、查阅、记录。

（二）设施准备

多媒体教室。

（三）教学设计

1. 教学目标

（1）必备知识目标：知道常见的合法借贷途径；认识风险与信用风险；知道非法借贷的危害。

（2）关键能力目标：提升辨别合法借贷与非法借贷的能力。

（3）财经素养目标：认识个人征信的重要性，提高学生的个人信用风险意识。

（4）核心价值目标：体会当代社会"信用"的重要性，树立法治意识。

2. 教学框架

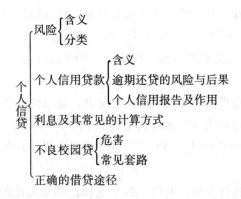

3. 教学重难点

（1）弄清风险与收益的关系；

（2）认识个人信用的重要性；

（3）辨别非法借贷和合法借贷。

4. 教学建议

（1）采用课堂问卷的方式让学生直观感受自身的风险承受能力，激发学生的学习兴趣；

（2）采用情景化、序列化的故事进行教学，引导学生认识风险；

（3）采用分组调研、讨论、分享等形式，引导学生在参与活动的过程中深化对信用风险的认识，明确区分合法借贷与非法借贷。

二、课程中的教学安排

（一）核心知识点一：认识风险

【学习目标】

——认识风险；

——了解风险与收益的关系；

——认识信用风险。

【课堂问卷引入】

问卷调查

1. 假设你现在得到一笔 1 000 元的现金，要求你选择其中一项：

A. 再额外多赚 500 元（即肯定得到 1 500 元）。

B. 有 50% 的机会额外多赚 1 000 元，50% 的机会不多赚，仅得 1 000 元现金。

2. 假设你现在得到一笔 2 000 元的现金，要求你选择一项：

A. 从 2 000 中损失 500 元（即肯定得到 1 500 元）。

B. 有 50% 的机会损失 1 000 元，50% 的机会维持现状不变，仍为 2 000 元现金。

3. 假设你要进行投资，有以下四个选择，你个人比较喜欢：

A. 好的情况下会赚取 200 元，最差的情况下会损失 0 元。

B. 好的情况下会赚取 800 元，最差的情况下会损失 200 元。

C. 好的情况下会赚取 2 600 元，最差的情况下会损失 800 元。

D. 好的情况下会赚取 4 800 元，最差的情况下会损失 2 400 元。

4. 父母给了你 1 500 元钱，让你换新智能手机，你有以下选择：

A. 继续用还能正常使用的旧智能手机，1 500 元存起来。

B. 选择一个 1 500 元以内的新智能手机。

C. 再借 1 500 元，选择一个 3 000 元左右的比较心仪的新智能手机。

D. 分 3 期付款（按总价格的 5% 收取利息，利息平均分摊至每月还款），每期还款 2 800 元（本金 2 667 元+利息 133 元），选择 8 000 元的高端品牌智能机。

问题：

Q1. 对于第 1~3 个问题你选择哪个选项？哪个选项没有风险？你认为什么是风险？

Q2. 对于第 4 个问题你选择哪个选项？什么是信用风险？信用风险的来源是什么？

1. 认识风险

风险，是指某个事件产生的收益或者损失具有不确定性。具体来说，当这种收益或损失可以事先确定下来，则不存在风险；当这种收益或损失存在变化的可能性，且这种变化是事先无法确定下来的，则存在风险。

2. 风险与收益的关系

风险与收益可谓是一对"孪生兄弟"，相伴而行。高收益往往与高风险相伴，但高风险未必有高收益。

3. 认识信用风险

（1）信用风险的含义

信用风险又称违约风险，是指合同到期时，交易双方中的一方未履行相应债务而产生的风险。

（2）信用风险的主要来源

信用风险的主要来源是贷款。

（二）核心知识点二：了解个人信用贷款、分期付款及其风险

【学习目标】

——认识逾期；

——了解逾期还款的后果；

——认识个人信用的重要性。

【案例引入】

高中生戴贷看上了 Huawei Mate 40 Pro 手机，但是妈妈觉得没必要买8 000元的手机，只答应给他买 1 500 元的手机。10 月 27 日，是戴贷 18 岁生日。第二天他就开通了某网络平台的贷款功能，因为只要满了 18 岁，就可以通过这个网络平台分期付款买东西。很快，戴贷选择分 3 期付款（按总价格的 5% 收取手续费，手续费平均分摊至每月还款），每期还款 2 800元（本金 2 667 元+手续费 133 元），购买了心仪已久的手机。戴贷人生的第一次预支购物，很成功，但是接下来的还款就显得不那么成功了。他用妈妈给的 1 500 元，加上自己积攒下来的 200 元零花钱以及找好几个同学借来的 1 100 元，凑足了第一期的还款金额。

第二个付款日期到来前，戴贷省吃俭用，同时借遍了所有能借的同学和朋友，只凑到 2 000 元钱。怎么办呢？在戴贷一筹莫展的等待中，第二个还款日到来，在该网贷平台的账户余额 2 000 元被转走，然后戴贷收到了该网贷平台发来的短信：尊敬的用户，您本期的一笔分期付款还有 800 元未还上，请尽快往账户存入足够的资金，否则逾期还款会造成逾期费用，逾期费用＝逾期金额×逾期天数×0.05%。戴贷忙着期末考试，这个事情就抛在脑后了。

很快春节到了，戴贷收到了 8 000 多元压岁钱。妈妈认为戴贷已满 18 岁，可以自己管理压岁钱，于是戴贷在第三期还款日到来之前顺利还上了所有的钱。因为第二期有 800 元逾期未还，一共逾期 23 天，逾期费用为 9.2 元，加上第二期和第三期本应还款的金额，戴贷最后一次还款一共用了 3 609.2 元。

问题：戴贷人生的第一次借贷消费成功吗？为什么？说说逾期还贷对戴贷有何影响。

1. 认识逾期及逾期还款

逾期是指超过了最后规定的期限。

逾期还款是指未将足额的还款额在最后还款日期到来前存入贷款方（银行、贷款公司等）指定账户的情形。

2. 逾期还款的后果

逾期还款会产生更多利息并影响征信，情节严重的甚至会被起诉、坐牢。

案例中在网贷平台逾期还款带来的后果包括：①逾期的资金按照日息万分之五收取滞纳金；②会影响使用者在这个平台的信用分和后期其他功能的使用；③按照相关法律法规，会如实记录个人征信并纳入国家征信系统，会不会对个人征信产生影响，以最后个人征信报告为准。

3. 认识个人信用的重要性

在我国，个人的信用信息可以通过中国人民银行征信中心提供的"个人征信报告"查询。"个人征信报告"主要包括个人基本信息（身份证号、工作单位、学历信息等）、信贷信息（是否有银行贷款、是否有逾期、是否有信用卡透支记录等）、非银行信息（水、电、燃气等公用事业费用的缴费信息、欠税情况、民事判决等）。这些信息将影响个人在金融机构的借贷行为。比如个人找金融机构申办房贷、车贷等有借款性质的业务时，需要查看"个人征信报告"。信用状况好的个人可能得到金融机构在借贷利率等方面的优惠；而对于有逾期还款等有损个人信用记录的个人，金融机构可能会提高其借贷利率，甚至拒绝其借贷申请。个人信用甚至在找工作、投资开户、租房子等众多领域都有重要作用，如果没有良好的个人信用记录，可能很多事都办不成。可以说，"个人征信报告"相当于个人在经济生活中的"第二张身份证"。

（三）核心知识点三：了解利息计算、复利、校园贷、不良校园贷

【学习目标】

——知道如何计算利息；

——了解单利与复利；

——了解校园贷；

——了解不良校园贷。

【案例引入】

9月，戴贷顺利进入了理想的大学。但是开学不久，手机丢了。这回，戴贷想买高端品牌折叠屏手机，该手机售价16 999元。他知道妈妈肯定不会答应给他买，这时他又想到了某网贷平台上的分期付款，却发现自己可以使用的额度只有几百块，根本买不了比较贵的东西。怎么才能快速赚到钱呢？

在室友的介绍下，戴贷认识了同校师哥小郑，并得知一种叫"做单"的赚钱方式——在某APP平台上用戴贷的名义借款，借款直接转给小郑；借款的本金和利息都由小郑偿还；完成"一单"戴贷获得1 000元报酬。一听不用自己还贷，还有报酬可以拿，戴贷没做过多考虑，便答应和小郑"合作"。

随后，戴贷用自己的身份信息在一个名叫"某贷A"的借款平台上，借款22 000元。随后，他便把钱打给了小郑，自己也拿到了相应的报酬。在之后的时间里，贷款也确实都是由小郑偿还的。

第二年1月，小郑告诉戴贷："'某贷A'出现了一些问题，现在需要

立即全额还款，我们再注册别的平台，从别的平台借款，补上这个窟窿。"鉴于前期与小郑的合作一直比较顺利，戴贷对小郑十分信任，很快就听从小郑的安排又从"某贷 B"借贷平台上借款 30 000 元打给了小郑，同时获得了 1 000 元报酬。

与此同时，小郑向戴贷提出了正式的工作邀请——去他们公司做兼职。戴贷想：师兄有实体公司，还有营业执照，请自己兼职的工作自己也能胜任；每做成"一单"，自己便能够得到 1 000 元的报酬。这对于缺钱的戴贷来说诱惑很大，他便答应了下来。

数月以后，戴贷先后在 20 多个借款平台上借款，总金额高达 17 万余元，加上利息共 44 万元。有一天，戴贷突然收到了"某贷 B"借款平台发过来的一条催款短信："截至本月 15 日，你的贷款已到期，请务必在 16 日前归还本金 30 000 元、利息 36 520 元。"戴贷立即给小郑师兄打电话，发现无法接通，他又去了公司，发现公司大门紧闭。接下来几天，戴贷陆续收到了各个借贷平台的催款短信，随后又接到各种恐吓、威胁电话，催他还款。戴贷吓得不敢出学校大门，因为金额太大了，也不敢跟家里人说。

尽管戴贷小心翼翼，但是在从宿舍去教室上课的路上，戴贷还是被几个陌生男子围住，他们叫他立刻还钱。他们相互抓扯，引来了同学们的围观，有人通知了老师并报警。很快，老师和警察都来了……

小组讨论：什么是校园贷？不良校园贷的风险有哪些？作为学生要注意什么？

1. 利息计算

（1）利息计算公式为：利息＝本金×利率×存期。

（2）利率按期限单位可划分为年利率、月利率与日利率。其换算公式为：年利率＝月利率×12（月）＝日利率×360（天）。（每月按 30 天计算）

（3）截至 2021 年 7 月，我国央行贷款基准利率是：1 年以内（含）4.35%；1~5 年（含）4.75%；5 年以上 4.90%。

（4）我国有关规章规定："严格规范民间借贷行为。民间个人借贷活动必须严格遵守国家法律、行政法规的有关规定，遵循自愿互助、诚实信用的原则。民间个人借贷中，出借人的资金必须是属于其合法收入的自有

货币资金，禁止吸收他人资金转手放款。民间个人借贷利率由借贷双方协
商确定。但双方协商的利率不得超过中国人民银行公布的金融机构同期、
同档次贷款利率（不含浮动）的 4 倍。超过上述标准的，应界定为高利借
贷行为。"[1]

2. 单利与复利

（1）单利：指在每一个计息周期内，都按照固定的本金计算利息。

（2）复利：指一笔资金，除本金产生利息外，在下一个计息周期内，
以前各计息周期内产生的利息也计入本金，即俗称的"利生利""利滚
利"。

（3）举例说明。

第一种情况：本金为 1 万元，如果年利率是 5%，期限 1 年，则二者没
有区别。

单利利息 $=1×5%×1=0.05$（万元）

复利利息 $=1×5%×1=0.05$（万元）

第二种情况：本金为 1 万元，如果月利率是 5%，期限是 12 个月。

单利利息 $=$ 本金×月利率×12 $=1×5%×12=0.6$（万元）

复利利息 $=$ 本金×（1+月利率）^{12}－本金 $=1×1.796-1=0.796$（万元）

第三种情况：本金为 1 万元，如果日利率是 5%，期限是 360 天。

单利利息 $=$ 本金×日利率×360 $=1×5%×360=18$（万元）

复利利息 $=$ 本金×（1+日利率）^{360}－本金

$=1×424\ 763\ 964-1=424\ 763\ 963$（万元）

3. 校园贷

（1）含义

校园贷是指高校学生（通常指已经年满 18 岁的在校大学生）向正规
金融机构或者其他正规借贷平台贷款获取资金的行为。

---

① 中国人民银行关于取缔地下钱庄及打击高利贷行为的通知［EB/OL］.（2002-02-25）［2021
-12-17］.http://www.pbc.gov.cn/tiaofasi/144941/144959/2878771/index.html.

（2）分类

①商业银行专项贷款产品。目前我国大多数商业银行都有面向高校学生提供的贷款产品。如中国建设银行广东分行首先推出的"金蜜蜂校园快贷"、中国银行推出的"中银E贷·校园贷"等。

②电商平台配套信贷产品。电商平台为了方便消费者、提升交易量而提供的信贷服务项目。如蚂蚁花呗、借呗、京东校园白条等。

③消费金融公司提供的贷款。高校学生可以从消费金融公司获得以消费为目的的贷款。部分消费金融公司还可以提供较低额度的校园提现借贷。

④正规网贷平台（P2P金融）提供的贷款。当前，一些电子商务专业网络平台可以帮助高校学生与他人确立小额借贷关系并完成相关交易手续。

4. 不良校园贷

（1）含义

不良校园贷通常指线上线下出现的针对高校学生的高利贷。不良校园贷通常会进行虚假宣传、做非法中介、收取超高费率、存在暴力催收等问题，陷入不良校园贷的受害者多遭受了巨大的财产损失甚至受到人身安全威胁。

（2）不良校园贷的常见套路

①以欺骗的手段获得高校学生的身份证。不法分子以"零元购""兼职"等为借口，把高校学生的身份证骗到手，签订莫须有的贷款协议，要求受害人履行协议。

②搭建虚假贷款平台。不法分子通过搭建虚假贷款平台，用与正规贷款途径相似的冒牌APP，用"搞活动、有优惠""利息低、额度高"等宣传诱导高校学生下载假冒APP并申请贷款。当受害者在假冒的APP内完成个人信息填写、额度审批申请等流程后，不法分子以信息填写错误、个人征信存在问题等理由，告知受害者银行账户被冻结，无法打款，要求受害人缴纳"解冻费""保证金"等到指定银行账户。

③校园高利贷。不法分子在宣传过程中模糊利息的计算方式，用不常

见的月利率、日利率代替常见的年利率，诱导高校学生签下高利息的借贷合同。

④以创业为名，行传销之实。不法分子以组织创业为名招聘校园代理发展下线，让受聘学生分发校园贷传单，成为校园贷代理、发展下线，寻找目标并抽取分成。

（3）不良校园贷的危害

①有高利贷的性质。不法分子将目标对准高校学生，利用高校学生社会阅历较浅、认知能力较差、防范心理较弱等劣势，进行小额、短期的贷款活动。不法分子往往利用日利率、月利率和年利率的计算差异，获得高额的借贷利息，大学生缺乏相关基本认知，导致深受其害。

②助长借款学生的恶习。大部分高校学生的主要经济来源是父母提供的生活费。出于攀比心理、爱慕虚荣等原因，部分学生为了享受生活转向校园高利贷获取资金，导致赌博、酗酒等不良恶习，严重的可能因无法还款而逃课、辍学。

③暴力讨债。大部分放贷人在向高校学生放贷时会要求其提供一定价值的物品进行抵押，而且要收学生的学生证、身份证原件或者复印件，对其个人信息清楚地了解。若借款学生不能按时还贷，放贷人可能会采取恐吓、殴打、威胁等手段进行暴力讨债，给学生人身安全造成重大危害，扰乱高校的校园秩序。

（四）核心知识点四：理性借贷

【学习目标】

——了解高校学生常见的借贷原因；

——了解高校学生该如何理性面对校园贷。

【调查分享引入】

调查与展示

学生代表展示本组同学收集整理的高校学生借贷原因，为高校学生理性面对校园贷提出意见或建议。

1. 高校学生常见的借贷原因

（1）家庭无法为高校学生支付足够的正常生活费用和学习费用。部分高校学生如家庭贫困学生、计划出国留学学生等确实有现实的借贷需求。

（2）高校学生自主创业缺乏相应的融资对象，需要通过借贷获得足够的创业本金。

（3）高校学生消费观、价值观不成熟。随着我国经济社会和网络技术的发展，手机上各种软件推送的信息量巨大，对于身处"象牙塔"的高校学生来说，在各种信息冲击下，他们分辨这些信息的能力比较薄弱，容易轻信虚假、夸大的信息。部分自控能力较差、立场不坚定的高校学生，无法抵抗诱惑，一心追求奢侈生活。在这样的情况下，"校园贷"的出现让这部分高校学生有了获取金钱满足虚荣心的渠道。

（4）高校学生缺乏足够的风险防范意识、法律知识。大部分"校园贷"都打着"低门槛、低利息、无抵押"旗号吸引那些资金缺乏的高校学生。但是其中一部分"校园贷"所标榜的"优势"都是用来吸引高校学生贷款的噱头而已，只是表面现象，实则处处都是陷阱。这些不良"校园贷"实际年利率往往高达 32% 以上，超出同期银行短期贷款年利率 8 倍左右。稍微具备金融风险常识与基本法律知识的高校学生都可看出其中的陷阱，但还是有部分高校学生相信这种"天上掉馅儿饼"的事情，且一步步深陷其中，说明其严重缺乏金融风险意识和法律知识。

2. 高校学生如何理性面对校园贷

（1）树立正确的、理性的、审慎的金钱观和消费观。高校学生应当以学业为重，树立正确的消费观和金钱观，不盲目攀比、不爱慕虚荣，自觉抵制一些别有用心的"校园贷"平台的虚假宣传、蛊惑，学会制订消费计划，合理安排生活支出，拒绝超前消费。

（2）保护好自己的个人信息。高校学生要谨慎使用个人身份信息，妥善保管好身份证、学生证等涉及个人信息的重要证件。不要随便给他人尤其是不熟悉的人担保，避免承担不必要的法律责任。

（3）增强诚信意识。高校学生要树立诚信意识，重视、珍惜个人信用记录，要知道良好的信誉是个人的无形财富。

（4）提高自身的风险防范意识，增强风险防范能力。高校学生要主动加强对基本的金融知识和相关法律法规知识的学习，增强自身防范金融风险的能力，了解常见的合法借贷途径，能识别常见的非法借贷情况，避免掉入非法"校园贷"的陷阱。一旦发现放贷者以不法或者不良方式放贷或者催款，应及时向公安机关报案，用法律武器保护自己。

（5）向银行等正规金融机构寻求借款渠道。例如：家庭贫困的高校学生，可以申请国家助学贷款；有计划出国留学而有资金缺口的高校学生，可以申请出国留学类贷款；确实有必要的消费需求而资金不足的高校学生可咨询银行等金融机构办理相关消费贷业务。

三、课后复习

（一）课后延伸

课后采访亲朋好友，了解人生中还有那些常见的风险、如何化解这些风险。

（二）课后反思

通过问卷调查让学生感悟自己当前的风险意识强弱情况，让他们知道风险无处不在，同时了解信用风险的来源。让学生在创设的真实情境中感受个人信用贷的"无处不在"，初步感受分期付款和不良校园贷的风险，了解常见的利率计算方式，增强风险意识和防范风险的能力。让学生了解正确的借贷途径，在遇到资金困难时，能通过合法途径实现顺利借贷。

（三）素材链接

1. 央视调查校园贷乱象：大学生无力偿还自杀[EB/OL].(2016-11-14)[2021-12-17].http://tech.sina.com.cn/i/2016-11-14/doc-ifxxsmif2980869.shtml.

2. 部分校园出现回租贷、求职贷、培训贷、创业贷乱象[N/OL].(2018-09-04)[2021-12-17].http://www.rmsznet.com/video/d40181.html.)

主题四

多层次的社会保障体系

[主题解读]

1. 理论依据

根据中国财经素养教育协同创新中心发布的《中国财经素养教育标准框架》（高中）"维度三：风险与保险"中"结构二：商业保险与社会保障"确定本主题基本内容。

2020 年 10 月，党的十九届五中全会强调"健全多层次社会保障体系"。在保障项目上，我国坚持以社会保险为主体，社会救助保底层，积极完善社会福利、慈善事业、优抚安置等制度；在组织方式上，坚持以政府为主体，积极发挥市场作用，促进社会保险与商业保险衔接补充。总之，我国力求在实现社会保险"保基本"的基础上，大力发展商业保险，以满足人民群众多样化、多层次的保障需求。

2. 现实依据

通过前期调查，我们发现：高中阶段学生在必修课中，已经简单了解了社会保险和商业保险的内涵。学生对"系统性金融风险、地方政府债务风险"的学习兴趣不高，对商业保险几乎不了解，但有较高的学习热情；同时，虽然学生对国家的社会保障、社会保险的具体内容理解不充分，但表现出了浓厚的学习兴趣。此外，高中阶段的学生不仅具备一定程度上探究社会现象、辨识其本质的能力，同时还具备一定的观察与分析现象、归纳与总结问题、思考与解决问题的能力。因此，学生通过对本主题的学习，可以了解我国多层次的社会保障体系，增强制度自信、提升幸福感。

第六课　我国的社会保障

一、课前准备

（一）资料准备

1. 教师准备

（1）准备教学所需的实践指导卡、课堂游戏奖品、课件多媒体等；

（2）根据学生实际情况将学生恰当分组，并引导学生自主选出组长。

2. 学生准备

根据学习任务卡及社会实践任务内容进行相应的实践过程记录、资料查阅。

（二）设施准备

多媒体教室。

（三）教学设计

1. 教学目标

（1）必备知识目标：了解我国社会保障的历史发展脉络，理解社会保障的意义；明确我国目前社会保障的基本形式；理解我国社会保障的现状并能为更好发展我国多层次的社会保障体系出谋划策。

（2）关键能力目标：通过对我国社会保障历史的讲解，引导学生用历史唯物主义观点分析问题；让学生在对我国当前社会保障体系的思辨过程中，提高发现问题和解决问题的能力。

（3）财经素养目标：理解国家多层次社会保障体系背后"以人民为中心、符合客观规律"的国家担当，增强制度自信、文化自信；树立正确的风险与管控意识，形成正义的财富观。

（4）核心价值目标：在活动中感悟我国建立多层次社会保障体系有利于满足人民日益增长的美好生活需要，以增强学生的国家认同感，提升主人翁意识。

2. 教学框架

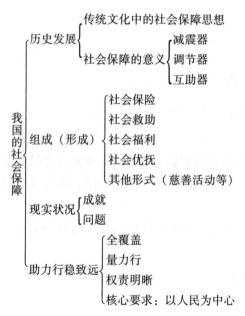

3. 教学重难点

（1）社会保障的意义；

（2）我国社会保障的基本形式；

（3）我国社会保障体系的现状；

（4）我国多层次的社会保障体系行稳致远发展的基本要求。

4. 教学建议

（1）采用游戏的方式让学生在感受中华优秀传统文化的独特魅力中，

激发学习兴趣，引导学生了解我国社会保障的发展历史。

（2）采用社会实践、分享展示、课堂微辩论等活动，引导学生在思辨中明确当前我国社会保障的现状，并为我国社会保障体系行稳致远出谋划策，提升学生的实践参与能力。

二、课程中的教学安排

（一）核心知识点一：我国社会保障历史发展

【学习目标】

——了解我国社会保障的历史渊源；

——认识我国社会保障的意义。

【游戏引入】

游戏规则：全班分为 5 个小组，每个小组通过抽签领取一张小卡片，卡片上面会有系列古文，每个小组将会有 5 分钟的时间就自己小组抽到的古文进行准备；准备结束后，5 个小组进行"游戏接力"，挑战成功的小组获得特定奖励。

游戏任务：

任务卡一：

（1）故人不独亲其亲，不独子其子，使老有所终，壮有所用，幼有所长，矜、寡、孤、独、废、疾者皆有所养。　——《礼记》

（2）老吾老以及人之老，幼吾幼以及人之幼。　——《孟子·梁惠王上》

任务卡二：

（1）五十杖于家，六十杖于乡，七十杖于国，八十杖于朝，九十者天子欲有问焉，则就其室，以珍从。　——《礼记·王制》

（2）清代救灾、备荒措施为："凡荒政十有二：一曰备祲；二曰除孽；三曰救荒；四曰发赈；五曰减粜；六曰出贷；七曰蠲赋；八曰缓征；九曰通商；十曰劝输；十有一曰兴土筑；十有二曰集流亡。"　——《钦定大清会典》卷十二的规定

任务卡三：

（1）年七十以上，人所尊敬也，非首杀伤人，毋告劾，它毋所坐。

——汉文帝颁布的《王杖诏书令》

（2）洪武十年（1377年）正月，诏"赐苏、松、嘉、湖等府居民旧岁被水患者，户钞一锭，计四万五千九百九十九户"。 ——明赈灾记载

任务卡四：

（1）今丧乱之后，户口凋残……各纳所在，为立义仓。若年谷不登，百姓饥馑，当所州县，随便取给。 ——《旧唐书·食货志下》对唐代义仓制度的兴废作了详细的记载，贞观二年（628年）四月，尚书左丞戴胄上言

（2）太宗曰："既为百姓预作储贮，官为举掌，以备凶年，非朕所须，横生赋敛。利人之事，深是可嘉。宜下所司，议立条制。" ——《旧唐书·食货志下》对唐代义仓制度的兴废所作的记载

任务卡五：

宋朝元符令曰："鳏寡孤独贫乏不得自存者，知州、通判、县令、佐验实，官为居养之，疾病者仍给医药。……依乞丐法给米豆，阙若不足者以常平息钱充。已居养而能自存者罢。" ——宋《居养法》

游戏要求：

· 挑战古文翻译：准确翻译抽到的古文，要求言简意赅。

· 说说古文表现了什么主题，谁推动其发展。

· 说说该古文记载的政策对当时社会有什么积极作用。

1. 社会保障的历史渊源

中国社会保障发展历史可追溯至春秋战国时期的大同思想、均齐思想、互助思想等。中国古代社会保障具有典型的家国一体特征，体现了高度的国家责任。

（1）春秋战国时期

以孔子和孟子的思想为代表的大同思想强调人们不仅要赡养自己的亲人，抚养自己的子女，整个社会还应该让老年人能安享晚年，中年人能发挥所长，青少年能健康成长，社会弱势（丧偶、失孤、残疾、重病等）群

体都能得到社会的供养。这种大同思想对后世社会保障的发展有着深远影响。

中国古代的老年人权益保障法——"王杖制度"源于周代"齿杖制度"。周朝规定：年过五十者可以在家里挂拐杖，六十者可以在乡里挂拐杖，七十者可以在国内挂拐杖，八十者可以在朝上挂拐杖；年过九十者，如果天子有事想询问，要派人上门请教，还要带上好吃的。拐杖是当时老年人的"老年证"，可以凭此享受各种优待。这一制度对后世影响深远。

（2）汉朝时期

汉文帝在继承和发展前代的基础上，颁布了《王杖诏书令》，其内容丰富。例如规定：年龄六十岁以上、无子女的丧偶老人，如果经商，免除一切税收，对于愿意赡养这类老人的家庭，国家给予物质帮助；对没人照料的残疾人，不得摊派徭役，也不得抓捕，在法律上给予保护；年龄七十以上的老人被赐予优待凭证和地位标志——"王杖"，持"王杖"的老人，其地位待遇与郡丞（相当于现在的省级干部）相同。

（3）唐朝时期

《旧唐书·食货志下》对唐代义仓制度的兴废作了详细的记载。例如，尚书左丞戴胄就每次动乱之后国家总面临人口减少这一情况曾向唐太宗建议：国家可以在丰收的年份修建义仓，囤积粮食，未雨绸缪。唐太宗很高兴，认为这是利于百姓的好事，可以安排相关部门制定相关制度。

（4）宋朝时期

元符元年（1098年）颁布《居养法》，规定对于老弱病残等不能生活自理的人，各级政府要定期给米豆等物质帮助，提供居住场所和基本医疗保障。宋朝正式确立了居养院制度，并在全国范围内推广。

（5）明朝时期

对明朝赈灾的记载显示，洪武帝曾下旨，对当时遭受水灾地区的百姓免除部分税收，涉及灾民达四万多户。

（6）清朝时期

清朝有一套比较完整的赈灾救济体系。例如，《钦定大清会典》规定了当时灾荒时期的十二条政策。第一条：要备灾备荒，未雨绸缪。第二条：要预防，及时消灭各类虫害。第三、四条：在灾荒之年，要及时打开义仓，发放救济。第五条：在收成不好的年份，国家要及时调用储备粮，防止粮食价格飞涨。第六、七、八条：在灾后重建中，国家要将粮、钱、种子、耕牛等低息或者无息借贷给灾民，视情况对灾民免除赋役，缓期征收税负或征集徭役等，保障受灾群众尽快恢复正常生活。

2. 社会保障的意义

（1）社会运行的"减震器"。随着经济发展和社会进步，国家要通过社会保障预防和化解人民群众可能会遇到的生存危机（生、老、病、死、失业等），满足他们的基本生活需要，进而有效维护社会生活秩序的稳定，构建和谐社会。

（2）社会公平的"调节器"。社会公平是人类在社会发展中产生的一种客观要求。社会保障是国家通过再分配调节不同群体之间的利益关系，缩小贫富差距，化解不同群体之间的冲突和矛盾，从而促进公平和正义的一种举措。

（3）社会发展的"稳定器"。国家的社会保障是从国家层面制定和完善政策，与人民群众分摊风险、共担责任，充分发挥社会群体之间的互助功能，从而推动社会持续健康发展。

（二）核心知识点二：当前我国社会保障基本形式

【学习目标】认识我国的社会保险、社会救助、社会福利、社会优抚、慈善活动等社会保障的基本形式。

【活动引入】

活动内容：

课前将学生分为社会保险组、社会救助组、社会福利组、社会优抚组、社会慈善组共5个小组。学生通过实践探究，完成教师分配的实践任务，了解身边的社会保障的具体形式。课堂上学生分组进行展示。

实践任务卡：

类型	含义	对象/分类	地位
社会保险（组）			
社会救助（组）			
社会福利（组）			
社会优抚（组）			
慈善活动（组）（其他社会保障形式）			

当前我国社会保障类型及相关情况如表 6-1 所示：

表 6-1　当前我国社会保障类型及相关情况

类型	含义	对象/分类	地位
社会保险	社会保险是国家为没有劳动能力、丧失劳动能力、暂时失去劳动岗位或因健康原因造成损失的人提供收入或补偿的一种社会安全制度。 社会保险具有保障性，能保障购买者的基本生活；具有普遍性，当前我国的社会保险覆盖所有社会劳动者；具有互助性，使参险者之间形成合力，当一人遇到风险，互助互济，满足急需；具有强制性，它由国家法律规定强制参与；具有福利性，作为政府行为，不以盈利为目的	从分类上看，社会保险包括养老保险、医疗保险、失业保险、工伤保险和生育保险	我国社会保障体系的核心

表6-1(续)

类型	含义	对象/分类	地位
社会救助	国家向生活困难群体提供无偿财物接济和生活扶助的生活保障措施。一般化解的是社会最底层成员的生存危机，保障其最低生活水平	最低生活保障、特困人员供养、受灾人员救助、医疗救助、教育救助、住房救助、就业救助和临时救助	最早形成的、历史最悠久的社会保障形式。它是保障社会成员生活安全和生存权利的"最后一道防线"
社会福利	国家向全体社会成员提供的社会化福利津贴、实物供给或者相关服务，以满足社会成员的生活需要并促使其生活质量不断得到改善和提高的保障措施	为全体社会成员提供的公共福利；为本单位、本行业从业人员及其家属提供的职业福利；专为特殊人群提供的福利（如老年福利、儿童福利、妇女福利、残疾人福利等）	最高层次的社会保障
社会优抚	国家向军人及其家属等优抚对象提供的一种保障机制。是一种包括物质照顾、生活和工作安置、精神抚慰的褒扬性、补偿性、优待性、综合性的特殊社会保障	中国人民解放军现役军人和武警官兵；革命伤残军人；复员退伍军人；革命烈士家属；因公牺牲军人家属；病故军人家属；现役军人家属；等等	特殊社会保障
慈善活动（其他社会保障形式）	自然人、法人和其他组织以捐赠财产或者提供服务等方式，自愿开展的各种公益活动，如扶贫、济困、扶老、救孤、助残、优抚，救助自然灾害、事故灾难和公共卫生等突发事件造成的损害等	各类社会成员	有益补充

（三）核心知识点三：我国社会保障现实状况

【学习目标】了解、思辨我国社会保障现实状况。

【课堂微辩论引入】

微辩论观点：

正方：目前，我国的社会保障取得极大成就，稳社会惠民生取得极大进展。

反方：目前，我国的社会保障存在诸多问题，相较一些西方国家的高福利，还相差甚远。

微辩论规则：

全班分为两大阵营：赞同正方的同学为一阵营，赞同反方的同学为一阵营。5 分钟内，两大阵营的同学分别寻找论据。5 分钟后，正反双方开展微辩论，双方各推选 5 名同学作为主要论据阐述者，其余同学做补充。双方各派 3 名同学运用"智慧课堂"或在黑板上将本方主要论据进行条目式书写。在准备活动中，可自由使用手机、电脑等电子设备查阅资料。

操作建议：

教师进行引导，尽量使两大阵营的同学的人数大致相当；若出现特殊情况，比如一方人数太多，则教师自动成为对立方阵营的成员，参与对立方论据寻找。

《社会保障绿皮书：中国社会保障发展报告（2020）》指出，当前我国社会保障虽然取得了极大成绩，但还存在可以继续改进的地方。我国社会保障的发展成效表现在以下几个方面：社会保障兜底扶贫成效显著、社会保障制度框架不断完善与整合、社会保障保障人数持续增加、社会保障的保障维度实现个体生命周期全覆盖、社会保障待遇水平不断提高、社会保障管理体制治理现代化水平有效提升、国家财政在社会保障制度中的正向收入分配责任进一步加强。进入新时代，我国社会保障体系发展也面临新的国内外形势和可持续发展的挑战，主要包括：相对贫困和脱贫后的返贫问题依然严重；经济下行压力较大对就业和财政的影响不容小觑；人口老龄化与养老服务供给的矛盾将十分突出；社会保障面临使救助对象过上体面生活和缩小收入差距的新要求；公平共享理念成为提升社会保障治理能力的内在机理；城镇化加速及人口跨区域快速流动与社会保障服务的便利性、可及性较弱，矛盾突出。

政府提供的社会保障只能惠民生、保障人民的基本生活，不可能保障所有，因此现代市场经济高度发展中人们多样化的需求由企业（商业保险公司）以提供商业保险的形式予以满足。商业保险本质上是一种风险分摊行为，目的是营利，保险公司和保险人之间属于单纯的契约关系：你交钱我帮你承担风险。从经济学角度看，商业保险是投保人将客观存在的未来风险进行转移，把不确定性损失转变为确定性成本（保费），是风险管理的有效手段。

（四）核心知识点四：我国社会保障如何行稳致远

【学习目标】为我国社会保障体系行稳致远建言献策。

【活动引入】

活动任务：

自觉站在人民立场上，就我国目前的社会保障现状，为政府更好建立健全社会保障体系出谋划策。注意：所提供的意见和建议要符合我国现实情况，要兼顾科学性和可行性。

分组出谋划策，并派代表展示成果。

（1）完善我国社会保障体系，要公平对待每位公民并确保其享受相应的社会保障。

（2）完善社会保障体系，既要尽力而为，又要量力而行，要坚持社会保障水平与经济社会发展相适应。

（3）完善社会保障体系要做到权责清晰，必须明确各方的权利与责任，严格依法监管。

（4）完善社会保障体系，一定要做到以人民为中心，同时要符合客观规律，这样才能让我们的社会保障体系行稳致远。

（5）完善社会保障体系离不开商业保险这一有益补充。

三、课后复习

（一）课后延伸

（1）梳理本组合理意见及建议，在教师指导下形成相应的方案，通过网络等有效途径反映给相关决策机关。

（2）查阅相关资料，弄清商业保险和社会保险的区别和联系。

（二）教学反思

本节课采用了多种活动方式，让学生在活动中感悟我国历朝历代政府都在关注普通百姓可能遇到的疾病、养老等问题，由此理清我国社会保障发展的历史脉络，并引导学生明确社会保障的意义。让学生在任务驱动下较为系统地从生活实践中了解身边的社会保障的具体形式，提高学生的社会公共事务参与能力。让学生通过课堂辩论了解我国社会保障目前取得的成就及存在的问题；通过自主强化辨析，深度探析我国社会保障的现状；通过课堂集体讨论，就目前我国社会保障存在的问题，思考解决办法，提出可行的建议，从而提高政治参与能力。

（三）素材链接

1. 成都市中小学生、婴幼儿住院医疗互助基金[①]

（1）简介

"成都市中小学生、婴幼儿住院医疗互助基金"简称"少儿互助金"，是在成都市委、市人民政府的大力支持下，由市政府组织、卫生行政部门牵头，市卫生局、市教育局、市红十字会等多部门配合设立的以"互助共济"为原则的非营利性社会公益事业。"少儿互助金"的主要目的在于为成都市未成年人撑起一把保护健康、保护生命的绿色之伞。以 2021 年标准为例，孩子每人每年交纳 280 元（交费标准会每年调整），纳入成都市城乡居民基本医疗保险，患儿可在出院时直接享受少儿互助金的资助，并且患儿可带病参保。

（2）参保对象

①凡户籍在成都市或父母一方具有成都市户籍或父母一方持有成都市公安部门颁发的《居住证》的未满 18 岁散居儿童。

②成都市全市 23 个区（市）县的中小学校（含中专、技校、职校、特殊学校、幼儿园）在册学生。

---

① 少儿互助金[EB/OL][2021-12-12].https://baike.so.com/doc/5396817-5634067.html.（参考网址，有改动）

少儿互助金是成都市专门针对未成年人的一种互助计划，属于城乡居民医疗保险的学生/婴幼儿版，是社会保险的一种，与成年人的社会保险一样，属于报销型保险。患儿一旦住院，只要属于社会保险范围都可以报销，但一样有起付线和报销比例，不同等级医院的起付线和报销比例都不同。如果患儿住院治疗时大部分用的是社会保险范围内的药品和项目，则报销比例较高；如果住院治疗时自费药和自费项目较多，报销比例就较低。

2. 惠蓉保

（1）简介

成都市医疗保障局在四川省医疗保障局的指导下，提出社会保险与商业健康保险协同融合发展的理念，出台了《成都市医疗保障局促进商业健康保险发展完善多层次医疗保障体系的指导意见》，为社商融合发展探索路径，明确了与社会保险协同融合的健康保险的产品形态。"惠蓉保"即是首款按照该指导意见推出的新型商业健康保险产品。它是由四川省医疗保障局、成都市医疗保障局指导，成都医保战略联盟成员平安养老、中华联合、国宝人寿、太平养老联合承保，联盟成员"思派健康"提供服务平台的成都市民专属普惠式商业健康保险。

（2）保障内容

"惠蓉保"与社会保险中的基本医疗保险紧密衔接，保障内容主要为社会基本医疗保险范围内的医疗费用，覆盖住院费用、门诊特病费用，同时保障医保范围外的 20 种肿瘤及罕见病的高额自费药品费用，最高保障额度为 100 万元。

（3）保障对象

自 2020 年 5 月 7 日起，四川省本级及成都市城镇职工基本医疗参保人、成都市城乡居民基本医疗参保人，不限年龄、不设健康前置条件，均可关注"惠蓉保"微信公众号，按照相应流程，进行线上参保。

（4）基本特征

"惠蓉保"具备四大特征：一是参保限制少。城镇职工基本医疗保险、城乡居民基本医疗保险的参保者均可自愿参加本保险，参保不设年龄、健康状况等前置条件。二是参保费用低。仅需要 59 元便可享受一整年的百万元重疾保障。三是保障重点突出。本保险重点提供高额医疗费用以及重点疾病的药品费用保障。四是服务附加值高。本保险为参保者提供早筛问卷及体检建议、肿瘤疾病咨询、药品直付、分诊服务、处方咨询、患者随访、用药咨询、药品配送、新药试验协助、慈善援助指导 10 项增值服务①。

3. 社保大病补充医疗保险②

（1）简介

社保大病补充医疗保险指参保职工因患病在定点医疗机构发生的、符合基本医疗保险规定范围内的医疗费用，在自然年度内超过基本医疗保险统筹基金最高支付限额（暂定 36 000 元），0~15 万元的大、重、特病保险。

（2）参保对象

凡参加基本医疗保险的单位和个人都可参加大病补充医疗保险。

（3）保障内容

它是基本医疗保险的重要补充，当参保人员在一个自然年度内（1月1日至 12 月 31 日）符合医疗保险报销范围的医疗费用累计介于 2.5 万元和 12 万元之间的部分由补充保险基金报销 90%。

（4）与基本医疗保险的关系

社会医疗保险主要由基本医疗保险、大额医疗互助保险和大病补充医疗保险三部分组成。其中大额医疗互助保险是为了提高职工和退休人员医疗保障水平，减轻个人负担而设立的，是对基本医疗保险的补充；大病补充医疗保险则是企业为了不降低职工现有的医疗待遇水平，保证医疗保险制度平稳过渡而建立的，是对基本医疗保险和大额医疗互助保险的补充。

---

① 四川省人民政府. 成都市民专属的补充医保"惠蓉保"7 日发布[EB/OL].（2020-05-08）[2021-12-12].http://www.sc.gov.cn/10462/10464/10465/10595/2020/5/8/df76680c322f44f9b6b69f410851bdc8.shtml.

② 什么是社保大病医疗补充保险？[EB/OL].（2016-09-25）[2021-12-12].https://www.chashebao.com/yiliaobaoxian/16479.html.

大病补充医疗保险是相对于基本医疗保险而言的，包括企业补充医疗保险、商业医疗保险、社会互助和社区医疗保险等多种形式，是基本医疗保险的有力补充，也是多层次医疗保障体系的重要组成部分。与基本医疗保险不同，大病补充医疗保险不是通过国家立法强制实施的，而是由用人单位和个人自愿参加的。

在单位和职工参加统一的基本医疗保险后，单位或个人根据需求和可能原则，适当增加医疗保险项目，来提高保险保障水平。基本医疗保险与大病补充医疗保险不是相互矛盾的，而是互为补充的，其目的都是给职工提供医疗保障。

4. 如何完善社会保障体系①

要完善社会保障体系，就要公平对待每个公民并确保其享受相应的社会保障权益。为此，要建立起覆盖全民、城乡统筹的社会保障体系，形成没有漏洞的"安全网"。同时，要完善社会保障体系，还要更多地维护好弱势群体的利益，缩小贫富差距，促进社会和谐发展。

完善社会保障体系，既要尽力而为，又要量力而行，要坚持社会保障水平与经济社会发展相适应。随着经济社会的发展，人民对生活安全保障的要求越来越高，我们要通过加强社会保障体系建设，不断满足人民的社会保障需求。同时，经济发展是社会保障的基础。如果没有相应的经济实力作支撑，社会保障即使建立起来也无法维持下去。只有建立起与经济水平发展相适应、保障适度的社会保障体系，才能使社会保障持续发展。

完善社会保障体系要做到权责明晰。享受社会保障是社会成员的一项法定权利，也是现代社会文明进步的重要标志。同时，社会保障资金的筹集涉及政府、企业、个人和其他单位的经济利益，需要各方合理分担责任。完善社会保障体系，必须明确各方的权利与责任，严格依法监督。

总之，加强我国社会保障体系建设，要按照兜底线、织密网、建机制的要求，全面建成覆盖全民、城乡统筹、权责清晰、保障适度、可持续的多层次社会保障体系。

---

① 普通高中教科书·思想政治必修 2·经济与社会［M］. 北京：人民教育出版社，2019.

5. 案例说明

某单位给职工正常购买了社会保险。2021 年，共计为所有职工（300 余人）缴纳社会保险费用 270 余万元。获得的部分社保补偿如下：

（1）该单位有退休职工 79 人，2021 年共计享受社保拨付的养老保险金 70 余万元；

（2）该单位 2021 年共计有 7 人次因病住院，获得医疗保险金赔付共计 20 余万元；

（3）该单位 2021 年共有 4 名职工（3 名女职工、1 名男职工）享受生育津贴，共计 5 万余元；

（4）该单位 2021 年有 1 员工在工作岗位猝死，获得工伤赔偿 70 余万元。

第七课 商业保险

一、课前准备

（一）资料准备

1. 教师准备

（1）组织学生提前排练话剧；

（2）提前将学生分为 5 个小组，并引导学生选出各组组长。

2. 学生准备

（1）利用课余时间提前排练话剧；

（2）根据学习任务卡进行相应的资料收集、查阅、记录。

（二）设施准备

多媒体教室。

（三）教学设计

1. 教学目标

（1）必备知识目标：了解人生潜在的风险及影响，了解商业保险的概念、种类及其作用。

（2）关键能力目标：通过探究商业保险的作用，分析个人及家庭存在的潜在风险，培养为个人及家庭规避和抵抗风险的能力，提升个人及家庭幸福指数。

（3）财经素养目标：理解购买商业保险的必要性，能够根据个人及家庭的实际情况进行保险需求分析，尝试进行商业保险产品搭配，树立正确的风险与管控意识。

（4）核心价值目标：引导学生以负责、理智的方式对待人生的各种风险。

2. 教学框架

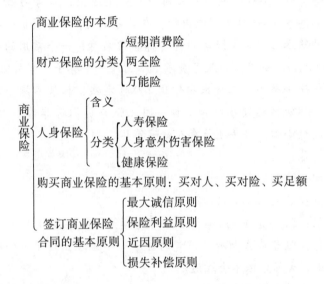

3. 教学重难点

（1）商业保险的常见种类；

（2）商业保险产品搭配原则。

二、课程中的教学安排

（一）核心知识点一：了解商业保险的产生

【学习目标】

——认识风险及其分类；

——认识商业保险及其分类；

——了解风险与商业保险的关系。

【情景剧引入】

保险小常识——餐具的故事

人物介绍：一家五星级大饭店经理、众服务员、善于思考的领班

故事背景：100 个服务员来到一家五星级大饭店学习厨艺，他们要勤勤恳恳学习 10 年才能出师。在学习期间，服务员们一年只有几百元的薪水，但是大饭店的餐具都非常名贵，一个常用的杯子都要 1 000 元钱。如果哪位服务员不小心打碎一个杯子，那么他（她）就会被扣除一整年的工资来赔偿这 1 000 元钱；如果不能赔偿就会被开除，不能再继续学习和工作。因此服务员们都非常小心谨慎，但无论怎样小心，每年还是有人打碎餐具。

第一幕：

时间：晚餐后

地点：五星级大饭店后厨

人物：服务员 A、服务员 B、服务员 C、服务员 D

事件：服务员 A 打碎了昂贵的杯子……经理出现了……服务员 A 被辞退，大家依依不舍相送。

学生自由发挥完成表演。

旁白：从此以后大家更加惶惶不安，可是有什么办法呢？终于有一天，善于思考的领班出场了。

善于思考的领班：我有个办法解决你们的问题。如果每个服务员每年愿意交一点点钱，把这些钱集中起来，那么无论谁打碎了餐具，都用这笔钱来赔偿，那么服务员都不用再受到处罚。

教师：个体在经济社会中，除了关注收入和支出，还需要关注潜藏在身边的风险。

活动思考：根据"第一幕"列出服务员们的收入和风险。他们的收入和承担的风险匹配吗？是否在可承受范围？领班提出的办法可行吗？帮服务员解决了什么问题？

1. 风险

（1）含义

风险在不同的领域有不同的释义。在保险理论中，风险指在一定时间内一定事件发生后造成的损失的不确定性。这种不确定性包括发生时间的不确定性、事件是否发生的不确定性以及后果的不确定性。

（2）分类

按照不同的标准，风险有不同的分类。其中，按照风险标的的不同，风险可以分为财产风险、人身风险、信用风险与责任风险。

第一幕中出现的风险主要是财产风险。

2. 商业保险

（1）含义

商业保险是指在自愿原则下，投保人根据合同约定，向保险人支付保险费，保险人根据合同约定的可能发生的事故因其发生所造成的财产损失承担赔偿保险金责任，或者当被保险人死亡、伤残、疾病或者达到合同约定的年龄期限时承担给付保险金责任的行为。

（2）分类

按照不同的标准，商业保险有不同的分类。按照保险功能划分，商业保险可分为短期消费险、两全保险和万能险；按照保险标的的不同，商业保险可以分为财产保险、人身保险、责任保险。

3. 风险和商业保险的关系

客观存在的风险是商业保险产生的前提条件；无风险，便无商业保险。商业保险是对社会保险的有益补充，购买保险可以规避风险，当风险发生时，可以使自己的损失降到最低。

善于思考的领班提出的办法算是商业保险的雏形。商业保险的本质是集合大量面临类似风险的参保人，通过参保人缴纳少量可承受的钱（每年的保费），积少成多，形成巨额的保险基金，当发生合同约定的事故时，受益人可从保险金中领取补偿，以转移极端情况下受益人无法承受的经济损失或者为受益人提供经济补偿、减轻经济负担。

（二）核心知识点二：财产保险的常见种类

【学习目标】

了解短期消费险、两全保险和万能险。

【情景剧引入】

保险小常识——餐具的故事

第二幕：

变化的背景：

时间：晚餐后

地点：五星大饭店后厨

人物：服务员 A、服务员 B 、服务员 C、服务员 D、善于思考的领班

事件：领班的方法被采纳，大家商定交多少钱

善于思考的领班：你们一年之内大约会打碎几个盘子？

众服务员：大约 5 个吧。

善于思考的领班：那么假定一年内需要赔偿 5 个盘子的话，每个盘子 1 000 元，服务员有 100 人，就需要每个人交 50 元钱。

善于思考的领班又建议大家把资金交给专人打理，按照当时的市场价，雇用一名理财师大概一年需要 1 000 元。这 1 000 元的费用分摊到每个服务员身上是 10 元，这样算下来每个服务员一年只交 50 元（保障成本）+10 元（管理费用）=60 元，就可以保证在不小心打碎餐具后不被开除了。

第三幕：

变化后的背景：

时间：半年后的一天晚上

地点：五星大饭店员工宿舍

人物：服务员 A、服务员 B 、服务员 C、服务员 D、善于思考的领班

　　大半年过去了，竟然没有人打碎餐具，这时候，一个平时做事最谨慎小心的人（服务员D）想了想：我平时工作十分小心，是最不可能打碎东西的，这一年损失60元钱，10年就是600元啊！不行，我得找善于思考的领班谈谈。

　　于是服务员D跟善于思考的领班如实说了自己的想法。

　　善于思考的领班说："那简单，你不想交就不交呗，反正出了事风险自己承担。"

　　服务员D想想又觉得不踏实："万一我打碎了餐具，还是无法赔偿，有没有两全其美的办法呢？"

　　善于思考的领班脑子一转："既然D想拿回本金，我就多收D一些钱，用这些多收到的钱去投资，用投资的收益把本金赚回来。现在的市场收益率大概是12.4%（预定利率，现在银保监会规定预定利率不得大于2.5%）。通过计算10年后要想拿回本金，现在就收取50元（赔盘子）+10元（管理费用）+60元（为回本投资）=120元。"

　　于是善于思考的领班说："我也相信你不会打碎餐具的，但是谁也不敢担保，要不你每年交120元押金（两全险），如果打碎了餐具这押金就没收，如果10年都没打碎，到时候1 200元全部退还。"

　　服务员D自己一算，打碎餐具本来要赔1 000元的，但如果每年交120元押金，10年内打碎餐具只要赔几百元，如果10年内没打碎餐具，自己一分钱也不会损失，确实两全其美。

　　"但是咱们得有一个约定，"善于思考的领班又说，"这120元押金每年都得交，10年内不能再把押金取回，否则要算你违约。"

　　服务员D想想自己总归不亏，就一口承诺："没问题！"

　　这一年服务员D果然没有打碎餐具。看见其他工友大都损失了60元钱，D不禁得意起来，还把自己的方案告诉了几个好朋友。

很快一传十，十传百，大家都觉得自己不一定就是那个会打碎餐具的人，于是纷纷要求交押金。饭店财务也很乐意，于是第二年一下子收了 12 000 元押金。善于思考的领班留下 5 000 元准备赔餐具的钱，1 000 元费用，剩下 6 000 元就去投资，这一年市场非常好，投资回报率升高到了 15%（利差益，预定利率 12.4%），而且这一年服务员打碎的餐具也只有 3 个（死差益），雇用的理财师也只花了 500 元（费差益）。到了年底，还赚了不止 1 个餐具的钱。

第四幕：

变化的背景：

时间：一年后

地点：五星级大饭店员工宿舍

人物：服务员 A、服务员 B、服务员 C、服务员 D、善于思考的领班

听说善于思考的领班赚钱的事情，服务员 D 又不平起来。D 找到善于思考的领班说："原来你用我们的钱去赚了那么多钱，却不分给我们，太不公平了。"

善于思考的领班想了想说："我赚钱是靠自己的脑力体力，也有我的功劳。要不这样吧，你再多交点，每年 150 元（分红险），10 年后我不仅还你 1 500 元，还每年把盈利的 70% 分给你，如何？"

服务员 D 一听，觉得这样更划算，于是自己马上交了 150 元，回去还鼓动别的工友也多交一点。

这一年恰逢股市大涨，善于思考的领班赚了很多钱。到了年终，大家一看自己的账户，非但没有像上年一样花掉 60 元，反而还多了几元钱红利。

于是善于思考的领班鼓动大家说："明年行情会更好，大家不如把自己不急用的钱都给我吧，扣除帮大家赔付打碎餐具的保障成本 50 元钱，以及管理费用 10 元，其余多给我的钱我帮你们运作，我每个月给你们结算利息，而且是利滚利。"

"可是我们交了那么多钱，万一要急用咋办呢？"有人问。

善于思考的领班说："那没关系，这部分钱急用的时候你们可以随时取出（万能险）。"

"那你要投资亏了怎么办？"又有人担心地问道。

"放心吧，我向你们承诺每月给大家的利息不会低于0%的。而且年利率一定在2.5%以上。"

众人一盘算：自己不懂投资运作，善于思考的领班是个聪明人，交给他放心！于是众人你150，我180地都交了出来。（万能险产生了）

活动思考：按照功能划分，可将保险分为短期消费险、两全保险和万能险，请同学们结合刚才的情景剧表演，分组讨论第二、三、四幕剧分别展示了哪种保险的产生，并尝试总结这三种保险的特点。

1. 短期消费险

第二幕展示的是短期消费险的产生。其特点是：投入少，保障高，但是不会退还本金。生活中常见的短期消费险有航空意外险、航班延误险、运费险、学平险、少儿互助金、惠蓉保等。

2. 两全保险

第三幕展示的是两全保险的产生。与短期消费险相比，其特点是：在同样的保障水平下，投入高，资金占用时间较长，但是到期会退还本金。常见的两全险有财产保险里的家庭财产两全保险、人身保险中的生死两全保险。

3. 万能险

第四幕展示的是万能险的产生。与前两种保险相比，其特点是：在同样的保障水平下，投资更高，但是除了到期偿还本金，还会有额外的红利分配收益。

（三）核心知识点三：了解人身风险

【学习目标】

——了解人生可能面临的风险；

——了解购买人身保险是转移人身风险最好的方式。

【情景资料引入】

1. 无处不在的风险

资料 A：不可不知的事实（表 7-1）

表 7-1　人的一生可能面临的风险及风险发生的概率

风险事故	发生概率	风险事故	发生概率
受伤	1/3	坠落死亡	1/20 000
难产	1/6	死于工伤	1/26 000
车祸	1/12	溺水而死	1/50 000
心脏病突发（35 岁以上）	1/77	作为配偶而被动吸烟者死于肺癌	1/60 000
在家中受伤	1/80	死于手术并发症	1/80 000
死于心脏病	1/340	死于中毒	1/86 000
死于中风	1/1 700	死于飞机失事	1/250 000
死于突发事件	1/2 900	被空中坠落物砸死	1/290 000
死于车祸	1/5 000	触电而死	1/350 000
染上艾滋病	1/5 700	被动物咬死	1/2 000 000
死于怀孕或生产	1/14 000	被龙卷风刮走摔死	1/2 000 000
自杀	1/20 000（女性）、1/5 000（男性）	冻死	1/3 000 000

资料来源：《中国保险报》1996 年 6 月 14 日。

资料 B：统计数据——中国癌症发病率、死亡率全球第一

世界卫生组织/国际癌症研究署（WHO/IARC）发布了最新《2020 全球癌症报告》。报告显示，2018 年全球新发癌症 1 810 万例，死亡 960 万例。我国是人口大国，也是癌症高发国家。1 810 万新增癌症病例及 960 万癌症死亡病例中，我国新增病例为 380.4 万例，死亡病例为 229.6 万例。相比于其他国家，我国癌症发病率、死亡率为全球第一。我国每天有超过 1 万人确诊癌症，平均每分钟有 7 个人得癌症。（资料来源：中国疾病预防

控制中心）

资料 C：中国人口现状——中国正迎来汹涌而至的老龄化浪潮

中国是世界唯一一个老年人口超过 1 亿的国家。

60 岁以上老年人口正以每年超过 3% 的速度递增。

截至 2015 年底，全国 60 岁及以上的老年人口达到 2.22 亿人。

2020 年，大约每 5 人中有 1 个 60 岁及以上的老年人。

2050 年，每 3 人中有 1 个 60 岁及以上的老年人。

思考：人一生会经历无数次的风险，根据你的经验，人在一生中最担心什么？

人生可能面临的风险

人在一生面临着很多可能发生的风险和必然发生的风险。可能发生的风险包括疾病、意外、天灾等；必然发生的风险包括衰老、死亡等。身体健康是我们幸福生活最重要的指标，应该是我们最关心的问题。健康是 1，其他是后面的 0，没有 1，再多的 0 也没有意义。

2. 真实情景模拟——风险来了，谁能帮忙？

视频《我不是药神》片段

视频中老太太说道："领导，求你个事啊，我就是想求求你，别再追查印度药行吗，我病了三年，四万块钱的正版药我吃了三年，房子吃没了，家人被我吃垮了，现在好不容易有了便宜药，你们非说它是假药，药假不假我们能不知道吗？那药才五百块钱一瓶，药贩子根本没赚钱，谁家能不遇上个病人，你就能保证你这一辈子不生病吗？我们都得等死，我不想死，我想活着，行吗？"

老太太眼含热泪、拉着警察、发自肺腑说的这番话，将一个病人的全部心理表现得淋漓尽致，"我想活着"这简单的四个字充满了道不尽的辛酸和无奈。现实生活中每天都在上演这样真实的场景。

【案例引入】

假设 A 先生和 A 太太是你的好朋友，夫妻二人还有一个三岁的小孩。有一天，A 太太突然打来电话，告诉你 A 先生身患重病……

案例思考：

Q1. 身为好友，你会购买慰问品去探望他们吗？

Q2. 身为好友，你会主动借钱给他们吗？你愿意借多少？

Q3. 身为好友，你会帮忙联系医院、联系保险赔偿吗？

……

购买人身保险是转移人身风险最好的方式。人身风险无时无刻不存在，它是人身保险产生和发展的前提，人身保险是管理人身风险的重要手段。

（四）核心知识点四：认识人身保险

【学习目标】

——认识人身保险；

——了解人寿保险、健康保险、意外伤害保险。

【案例引入】

沿用前述 A 先生案例。经医院术后确诊，A 先生所患疾病为良性脑肿瘤，手术花费 8 万元，术后需要在家静养半年，并且今后不能过于劳累。A 先生的本次治疗费用社保报销了 4.8 万元，保险公司赔付了 20 万元（A 先生 5 年前购买了 20 万元的重疾险，良性脑肿瘤符合重疾险赔付标准，此次全额赔付）。虽然 A 先生暂时不能工作，但是并未影响家庭生活水平。

案例思考：结合材料及生活实际，谈谈购买人身保险有何意义。

1. 人身保险概况

（1）含义：人身保险是以人的生命和身体为保险标的的一种保险。具体来说，它是在自愿订立、协商一致的原则下，投保人根据保险合同约定，向保险人（保险企业）支付保险费，当被保险人死亡、伤残、患病或者达到保险合同约定的年龄期限时，由保险人向受益人给付保险金的一种保险。

（2）保障对象：人的生命或者身体健康。

（3）保险事故：生、老、病、死、残。

（4）意义：当保险事故发生时，受益人能获得相应的赔偿，减少保险事故发生所造成的物质损失。

2. 人身保险分类

按保障范围，人身保险可分为人寿保险、健康保险、意外伤害保险。

（1）人寿保险：其保险标的是被保险人寿命，其给付条件是被保险人的生存或死亡。

（2）健康保险：其保险标的是被保险人的身体，其给付条件是被保险人身体出现疾病。健康保险主要包括医疗保险、疾病保险、失能收入损失保险、护理保险以及医疗意外保险等。

（3）意外伤害保险：其保险标的是被保险人的生命和身体，其给付条件是被保险人遭受意外伤害以致死亡、残废、支出医疗费或暂时丧失劳动能力。

（五）核心知识点五：如何购买商业保险

【学习目标】

——明确购买商业保险的三大注意事项（购买顺序、购买险种、购买金额）；

——认识合同保险的主体；

——了解商业保险的四大基本原则。

【案例引入】

仍然使用前述 A 先生案例。

B 先生作为 A 先生的好友，参与了 A 先生此次生病、治病和理赔的全过程。他意识到了购买人身保险的重要性，准备给家人购买人身保险。B 先生家庭情况如表 7-2 所示。

表 7-2　B 先生家庭情况

家庭成员	年龄	工作	年收入
B 先生	32 岁	从事 IT 行业	30 万元
妻子	30 岁	全职家庭主妇	无收入
孩子	3 岁	—	—

表7-2(续)

夫妻均有社保，未曾购买商业保险，有房有车无负债。鉴于 A 先生的情况，希望做一个较全面的家庭保险规划。

B 先生家庭保险需求：现在家庭收入中等偏上，希望这种生活持续下去。保证大人健康地工作是最重要的，所以需要保障性产品，在这之后才会考虑养老、教育的事情。

案例思考：

Q1. 从现阶段来看，B 先生一家未来所面临的主要人身风险大致有哪些方面？

Q2. 针对以上问题，根据 B 先生一家的实际情况，为他们进行保险需求分析，并尝试为他们提供商业保险产品搭配。（为谁买？买什么？为什么？）

Q3. B 先生购买了人身保险后，遇到人身风险，是否就一定能顺利理赔？

家庭未来所面临的人身风险主要是生、老、病（残）、死带来的风险，具体表现为：

（1）因身体受损（意外、病、残、年长等）而收入中断或减少，造成的生活质量下降。

（2）因退休而收入减少，无法保证退休后的生活质量。

（3）因子女数量增加或年龄增长导致教育基金安排或储备不足。

……

1. 购买商业保险三大注意事项——购买顺序、购买险种、购买金额

（1）注意购买顺序：先为主要劳动力购买，后为其他成员购买。家庭主要劳动力是一个家庭最大的保障，买保险时应优先考虑，投保最好以家庭主要劳动力为投保重点，不要主次颠倒。例如：很多父母在购买保险时，都优先考虑孩子，认为要给孩子最好最全的保障，其实父母自己保得多、保得足，才能给孩子最好的保障。

（2）注意购买险种：明确自身需求，切忌盲目投保。保险种类繁多，涉及方方面面，要在了解自身需求的基础上，有针对性地购买。一般要考虑险种搭配，避免出现"该保未保"的情况。

（3）注意购买金额：结合自身经济实力，量力而行。保险不是越多越好，也不是越贵越好，要根据个人和家庭的经济收入等各方面实际状况，确定适当的保险额度。

2. 合同保险的主体

（1）保险当事人：直接参与保险合同订立、保险合同中涉及权利或义务的人，包括保险人和投保人。

保险人：与投保人订立保险合同并承担赔偿或给付保险金责任的人。当前一般都是保险企业法人。

投保人：与保险人订立保险合同，并按照保险合同负有支付保险费义务的人。投保人可以是自然人也可以是法人。

（2）保险关系人：与保险合同有经济利益关系但不一定直接参与保险合同订立的人，包括被保险人和受益人。

被保险人：其财产、利益或生命、身体健康受保险合同保障的人。财产保险中，被保险人是保险合同中被保障财产的权利主体。在人身保险中，被保险人是其生命、身体和健康受保险合同保障的人。

受益人：被保险人或投保人在保险合同中约定的保险事故发生时享有保险赔偿金请求权的人。受益人一般出现在人身保险合同中。受益人领取保险金的权利，只有在被保险人死亡发生时才能够实现；若受益人先于被保险人死亡，则受益权自动回归被保险人，被保险人或投保人可另行指定受益人。

（3）保险辅助人。依照保险法的规定，按照保险公司委托或者为被保险人的利益而代办保险业务的从业人员。

3. 商业保险的四大基本原则

（1）最大诚信原则。直接参与保险合同签订的当事人，即保险人和投保人都要秉持诚实、守信的原则，善意地、全面地履行自己的义务，双方均不能隐瞒、欺骗，要诚实；否则，受到损害的一方可以以此为由宣布保险合同无效或不履行保险合同的约定义务或责任，还可以要求对方赔偿自己因此受到的损失。

（2）保险利益原则。保险利益原则又称为"可保利益原则"或"可保权益原则",指的是投保人或被保险人对保险标的具有的法律上承认的某种利益。这种利益必须是可以用货币计算的（例如：友情遭到破坏、受到他人惊吓、面子受到伤害等就无法用货币计算，因此不能成为保险标的），可以确定的（无法确定的损失也不能成为保险标的）。

（3）近因原则。近因原则是指发生的风险事故与保险标的的损失之间必须有直接的因果关系，从而确定保险人进行保险补偿或给付责任的基本原则。

近因是指风险和损害之间，导致保险标的损害发生的最直接、最有效、最具有决定性的原因，而并不是指时间上或空间上最近的原因。如果近因属于被保风险，则保险人应赔偿；如果近因属于除外责任或者未保风险，则保险人不负责赔偿。

（4）损失补偿原则。损失补偿通常包括两层含义：一是在保险期限内，保险事故发生造成了保险标的的毁损以致被保险人遭受经济损失，保险人才承担损失补偿的责任，否则，即使发生了保险事故，也无权要求保险人赔偿；二是被保险人可获得的补偿量仅以其保险标的在经济上尽可能恢复到保险事故发生之前的状态，因保险合同约定，被保险人获得的赔偿可能少于或者等于损失的补偿，但不能多于损失的补偿，尤其是不能让被保险人通过保险获得额外的收益。

风险是无处不在、不可预期、谁都不能避免的，凶险的意外或健康危机能轻易地击垮一个温馨、幸福的家庭。当不幸的事情真正发生时，配置商业保险和没有配置商业保险的家庭或个人承担风险的能力是完全不一样的。

三、课后复习

（一）课后延伸

课后调查和了解家庭保险配备情况，并尝试向父母提出你的意见和建议。

（二）课后反思

通过话剧的演绎，让学生形象、直观地感受到风险无处不在，理解、感悟保险的本质以及不同险种的产生原因，知道可根据不同的情况选择不同的保险，从而提升其归纳总结、推理演绎的能力。通过材料阅读与情景下的探究活动，让学生认识到防范风险的重要性，理性对待风险。通过材料收集、分享、总结和展示，加深学生对不同人身保险的理解，提高科学素养。

（三）素材链接

1. 认识我们生活中常见的保险

（1）与个人和家庭有关的财产保险

广义的财产保险是以有形的物质财产作为保险标的的财产保险。狭义的财产保险包括责任保险和信用保证保险（信用保证保险主要出现在企业财产保险中）。

①家庭财产保险（一种狭义的财产保险）

"家庭财产保险"简称"家财险"，其保险标的为在商业保险单中明确标明位置的、有形的家庭财产，如房屋主体、房屋装修等。但由于金银珠宝、现金货币、有价证券、古玩字画等价值高且鉴定存在困难，因此保险人通常不予承保，或经投保人与保险人特别约定后，才能作为保险标的。违章建筑、非法占有建筑及用于经营的财产均不属于保险标的的范畴。

②个人与家庭责任保险

个人与家庭责任保险是指保险人（企业）在被保险人依照法律规定，应该向第三者（除保险人和被保险人以外的人）负赔偿民事责任，并且当第三者提出赔偿要求时，由保险人承担赔偿责任的财产保险形式。其保险标的为被保险人对他人负有的法律上规定的民事赔偿责任。

常见分类：船舶保险中的碰撞责任险、医疗责任保险、建筑工程技术人员责任保险、会计师责任保险等。

③机动车辆责任保险（包含财产损失保险和责任保险的一种综合保险）

"机动车辆责任保险"简称"车险"，主要是指保险公司对机动车辆由于自然灾害或意外事故造成人身伤亡或财产损失负赔偿责任的一种商业保险。其保险标的主要是各种类型的汽车，也包括电车、电瓶车、摩托车等专用车辆。

常见分类：交强险、其他机动车保险（基本险、附加险）

A. 交强险："机动车交通事故责任强制保险"简称"交强险"，由保险公司对被保险机动车发生道路交通事故造成他人（不包括本车人员和被保险人）的人身伤亡或财产损失，在保险合同约定的责任限额内进行赔偿的强制性责任保险。交强险是一种国家规定的强制保险制度，保障的不是投保人自己，也不是投保人的车辆，而是与自身不相关的第三者，主要是为了能够为交通事故中的受害者提供及时的补偿，在一定程度上减少交通事故纠纷，因此具有一定的公益性。

B. 基本险："基本险"又称"主险"，是可以独立承保的险种，不需要通过附加的方式进行承保。基本险包括车辆损失保险和第三者责任保险。

a. 车辆损失保险：指在驾驶被保险车辆的行驶过程中，发生保险责任范围内的自然灾害（不包括地震）或意外事故，造成保险车辆本身损失，保险人按照约定支付保险金的一种财产保险。

b. 第三者责任保险：指在驾驶被保险车辆的行驶过程中发生意外事故，致使他人（不包括本车人员和被保险人）人身伤亡或财产损失，被保险人依法应该负赔偿责任时，保险人按照约定支付保险金的一种责任保险。因为机动车辆第三者责任保险作为自愿保险，可以作为交强险的补充，从而为车主提供更大、更全面的保障。

（2）野生动物肇事公众责任保险

针对云南境内野生动物繁多、动物肇事时有发生的情况，保险公司在云南多地陆续推出"版纳亚洲象肇事公众责任险""版纳亚洲象公众责任险"等野生动物肇事公众责任险。自 2021 年 6 月 12 日起，云南野象群持续在云南多地活动，野象群一路"逛吃"，对沿线居民房屋、农田、生产设施造成了一定破坏。目前云南已经启动野生动物肇事公众责任保险定损赔付工作，定损工作完成后将进行赔付。

野生动物肇事公众责任险通过保险方式，有效转嫁野生动物的侵害风险，实现了由政府直接补偿向商业保险赔偿的转变，具有"政府部门投保、保险公司理赔、受灾群众受益"的特点。这个险种的推出能有效缓解野生动物保护与肇事的矛盾，降低野生动物肇事对当地居民造成的损失。

（3）人身保险

学平险是最常见的人身保险，其全称为"中小学生平安保险"，属于人身意外伤害保险的范畴，是保险公司结合学生群体的特点专为学生提供的一种商业性的保险产品。学平险通常是在学生入学时自愿投保，被保险人缴纳几十元的保费就能享有包括意外伤害、意外伤害医疗以及住院医疗在内的多项保障。由于其保费便宜而保障范围较为广泛，学平险因此也是少年儿童投保范围最广、最普遍的一种商业保险。

2. 商业保险的诞生

（1）古代西方保险思想的萌芽

根据有关资料记载，在公元前 2000 年的古巴比伦国，国王曾下令僧侣、法官及村长等对自身所管辖境内的公民收取一笔赋金，用以救济因火灾及其他天灾遭受损失的人们。

（2）世界上最早的保单

1347 年 10 月 23 日，意大利"圣·科勒拉"号商船要运送一批贵重的货物由热那亚到马乔卡。这段航程虽然不算远，但是在途经地中海一段航程时，极有可能会遇到飓风和海上的暗礁，这对于海上航行的船只来说将会成为致命的风险。这可愁坏了船长：船长一方面不想错过这样一笔大买卖，但同时他又害怕在海上遇到飓风和暗礁造成货物损坏，他可承担不起这么大的损失。正在他为难之际，在朋友的建议下，他找到了意大利商人乔治·勒克维伦。船长说明情况后，乔治欣然答应了他。双方约定，船长先在乔治那里存一笔钱，如果 6 个月内"圣·科勒拉"号顺利抵达马乔卡，那么这笔钱就归乔治所有，否则乔治将承担船上货物的损失。就这样，一份在今天看来并不完备的协议就成了第一份海上保险的保单，也成为现代商业保险的起源。这张具有里程碑意义的保险单现在还保存在意大利的热那亚博物馆。

主题五

制度与环境

[主题解读]

　　根据中国财经素养教育协同创新中心发布的《中国财经素养教育标准框架》(高中)"维度四：制度与环境"中"结构二：国际贸易与全球化"展开。

　　1. 理论依据

　　党的十八大以来，习近平总书记对全球经济治理体系改革问题进行了深入思考并作出一系列重要论述。全球经济治理体系改革是大势所趋，新冠肺炎疫情全球大流行，使世界百年未有之大变局加速变化，经济全球化遇到一些逆风和回头浪，对全球经济治理体系改革提出更高要求；加快构建以国内大循环为主体、国内国际双循环相互促进的新发展格局，要求我国更加积极地参与全球经济治理体系改革。针对全球经济治理体系存在的突出问题，习近平主席明确提出并全面阐释了以平等为基础、以开放为导向、以合作为动力、以共享为目标的全球经济治理观，为我国积极参与全球经济治理体系改革指明了方向。积极参与全球经济治理体系改革，要在提高制度性话语权方面持续发力，推动和完善更加公正合理的全球经济治理体系，推动新兴领域经济治理规则制定，构建面向全球的高标准自由贸易区网络，为我国争取全球经济治理制度性权力打造重要平台。

2. 现实依据

高中阶段学生在必修课上简单地了解了国际贸易与全球化内容。在经济全球化的大背景下，高中生需要有更多的相关知识储备以面对局势复杂的未来经济环境。不仅如此，高中生需要树立大局观，在了解国际贸易与全球化的同时了解国家乃至世界的局势及政策；在学习的过程中，开阔视野，真正看到外面的世界。

第八课　国际贸易与全球化

一、教学准备

（一）资料准备

（1）教师准备教学相关资料卡、课堂游戏奖品、课件多媒体等；

（2）教师提前将学生分为 5 个小组，并引导选出各组组长。

（二）设施准备

多媒体教室。

（三）教学设计

1. 教学目标

（1）必备知识目标

了解"一带一路"倡议与国际形势；了解国际贸易与全球化的相关知识和事实：了解疫情后国际贸易中的贸易保护措施，了解国际争端的定义类别及解决方式，通过相关案例加深理解。

（2）关键能力目标

通过对国际贸易的理解，初步掌握国际贸易政策设计的相关方法与技能。

（3）财经素养目标

了解经济全球化及经济全球化带来的机遇与挑战，知道中国对于经济全球化的相应政策，体会大国担当，理解中国引领全球化发展中的中国智慧和中国方案，增强文化自信和民族认同感，牢固树立人类命运共同体理念。

（4）核心价值目标

开阔视野，树立大局意识。在实践参与、课堂活动参与中真正感悟经济全球化给国际贸易带来的机遇与挑战，体会并领悟国家制定政策背后的逻辑和原因。

2. 教学框架

国际贸易与全球化
- "一带一路"倡议
  - 内涵、对策、理念、原则、意义
  - 世界眼中的"一带一路"
- 经济全球化
  - 机遇与挑战并存
  - 以矛盾思维推进全球化进程
- 贸易保护主义
  - 含义
  - 应对措施
- 中国的外交理念

3. 教学重难点

（1）贸易保护措施的具体内容和意义；

（2）国际贸易争端的分类和解决方式；

（3）国际政策的解读；

（4）经济全球化的解读和辩证性看待全球化。

二、课程中的教学安排

（一）核心知识点一："一带一路"倡议

【问题导入】

问题1：石榴原产自哪里？它是通过什么渠道来到我们中国的？

石榴原产自伊朗、阿富汗等中亚地区，这一地区在汉朝时期被称作西域。两千多年前，它越过浩瀚的沙漠、茫茫的戈壁滩，乘着一条银色的

"飘带"来到中国，这条银色的飘带是什么呢？这就是我们古代著名的丝绸之路。

2013年国家主席习近平提出了"一带一路"的伟大构想，"一带一路"已经成为近年来最具全球影响力的经济合作框架。

问题2:"一带一路"到底是什么？它有着什么样的作用？

请同学们积极思考、讨论并回答。

陆上丝绸之路：

威尼斯—鹿特丹—杜伊斯堡—莫斯科—伊斯坦布尔—德黑兰—杜尚别—撒马尔罕—比什凯克—阿拉木图—霍尔果斯—乌鲁木齐—兰州—西安

海上丝绸之路：

威尼斯—雅典—内罗毕—加尔各答—科伦坡

科伦坡—吉隆坡—雅加达

吉隆坡—河内—北海—海口—湛江—广州—泉州—福州

初步估算，"一带一路"沿线总人口约44亿，经济总量约为21万亿美元，分别约占全球的63%和29%。从路线来看，陆上分别为中巴、孟中印缅、新亚欧大陆桥以及中蒙俄等陆上经济走廊；海上则是沿海重点港口城市。

【知识总结】

1."一带一路"的含义

"一带一路"（The Belt and Road，B&R）是"丝绸之路经济带"和"21世纪海上丝绸之路"的简称。2013年9月和10月中国国家主席习近平分别提出建设"新丝绸之路经济带"和"21世纪海上丝绸之路"的合作倡议。"一带"就是"新丝绸之路经济带"，"一路"就是"21世纪海上丝绸之路"。"一带一路"是古丝绸之路的传承、创新和发展。依靠中国与有关国家既有的双边、多边机制，借助既有的、行之有效的区域合作平台，"一带一路"旨在借用古代丝绸之路的历史符号，高举和平发展的旗帜，积极发展与沿线国家的经济合作伙伴关系，共同打造政治互信、经济融合、文化包容的利益共同体、命运共同体和责任共同体。

对策：积极参与国际经济规则的制定，积极承担国际责任，做一个负责任的大国。

原则：开放合作，和谐包容，市场运作，互利共赢。

2. 意义

（1）对世界的意义

有利于增进沿线国家和地区的经济合作与文化交流，实现资源的优势互补，促进相关国家经济的共同发展；有利于完善自由化、市场化、法制化的世界贸易体系，为世界经济发展注入新活力；有利于增进沿线国家和人民的友谊，提高人民的物质文化生活水平；有利于消除分歧，维护世界和地区和平。

（2）对中国的意义

有利于深化我国经济体制和政治体制改革，扩大对外开放的空间与规模；有利于保持我国经济的持续稳定发展，进一步提高我国在世界经济秩序中的地位。

3. 世界眼中的"一带一路"

第一，"一带一路"是第一次由发展中国家发起的跨地区大型国际发展倡议，它改变了以往只能由发达国家设计全球性规划并提供建设资金和技术的格局，为世界不发达地区新增了重要的基础设施建设动力源，在长期被现代化遗忘、边缘化了的地区画出了一条强劲的发展主线。

第二，它不是一个大型援助计划，而是共商共建共享、互利共赢的合作项目集群。中国的倡议和一些示范性投资点燃了很多国家的发展愿望，激活了那里的很多潜力。

第三，"一带一路"在很大意义上是合作探索，其实不仅中国，每个国家都有强烈的对外合作意愿。"一带一路"的沿线国家彼此存在各种差异，与"一带一路"对接的方式必有各自特点，这会带来不同的合作形式，从而为国际合作创造更多的空间。

第四，一开始有一些国家对"一带一路"倡议的动机有所怀疑，认为它是"地缘政治战略"或者"新殖民主义计划"。但是这种怀疑总体来说不断被越来越显著的合作成果冲淡，现在只剩下极少数国家继续抱有偏见。而国际社会不断深化对"一带一路"的理解也是各国同中国增进战略互信的过程。

第五，"一带一路"是高度开放的国际合作，它的节奏或快或慢、或紧或松，但它的理念逐渐推广开来，合作形式及流程一旦确定，就会形成惯性和内生动力。所以"一带一路"终将生生不息，持续造福沿线地区。古代丝绸之路延续了很久，全球化时代支持"一带一路"的现实元素无疑更多。

第六，基础设施建设在未来很长时间里依然会是人类社会发展的主题之一，而发展中国家内部和不同国家之间的连通必然是全球基础设施建设的主战场。先走一步的国家如何更加积极地参与相对落后国家的基础设施建设，形成互利共赢格局，是人类需要正视的问题。"一带一路"在这方面进行了重要的实践。

第七，围绕"一带一路"会形成未来世界基础设施建设占比很大的市场，创造各种受益的机会，也带来更多公平。"一带一路"推动了政治不干涉原则进一步普遍化，让拆除更多合作的障碍成为现实，新型合作模式必将更有竞争力。

第八，"一带一路"让发展中国家更受外界关注，特别是让发达国家更多关注不发达地区的机会及潜力，有利于世界范围内发展资源更合理配置。"一带一路"实际上起到了某种"建设导向"的作用。

第九，继续推进"一带一路"，仍有许多问题要解决，尤其是要加强中国投资的风险管控。同时值得指出的是，由于"一带一路"沿线地区的需求潜力十分巨大，管控相关风险存在有利的市场条件，这是发展中的问题，需要的是决心和经验。

第十，通过推进"一带一路"建设，中国企业和整个国家都前所未有地开阔了视野，也经历了中国走向大国过程中必须有的磨炼。"一带一路"的实践必将载入中国史册，也将成为世界建设史上的一座里程碑。

【分组探究并展示成果】

结合以上案例和相关知识储备说说中国的"一带一路"倡议有哪些高明之处。

此为开放式提问，重在培养学生运用知识解决实际问题的能力，更让学生从逻辑上、情感上认同国家的外交政策和中国模式，从而增强对中国和平外交、普惠包容发展、人类命运共同体等具有中华价值观的赞同。

老师结合同学们的回答作必要的点评和引导。

中国奉行和平外交原则，真诚待人，主动担当，得到越来越多国家的理解和尊重，从而说明"金德尔伯格陷阱"的错误。中国互利共赢、资源共享等发展理念得到相关国家的认可，从而更说明某些国家奉行的单边主义、零和博弈不得人心。

思路决定出路。国家战略安全是一国必须高度重视并千方百计解决的问题。要有多维解决问题的思路，有时候换一种思路、方向和格局就能让看起来被动的僵局变成积极主动的好棋。

融入国际社会，理解国际方式，用听得懂的方式讲好中国故事。中国几千年的传统文化具有博大精深、源远流长的特点，如求同存异、和而不同、"惟仁者为能以大事小、惟智者为能以小事大"，推动中国传统文化在继承中发展、在发展中创新。

（二）核心知识点二：反对贸易保护主义，推进"一带一路"建设

【活动引入一】模拟联合国会议

1. 活动背景

美国时间 2020 年 5 月 15 日，美国商务部在官网上连续发布了两条消息，都是关于华为的：

其一，美国商务部宣布，将实体名单上的华为技术有限公司及其非美国分支机构的现有临时通用许可证（TGL）授权期限延长 90 天。任何未来关于通用许可证的条款和期限的公告将在此 90 天期限到期之前宣布。

其二，整个产业界和新闻界都已经预感到，美国开始通过限制芯片代工厂来加大打击华为的力度。新闻标题是美国商务部称华为"破坏"实体清单，因此限制华为使用用美国技术设计和生产的产品，当然主要就是芯片了。

当前，我们面对的是世界经济长期低迷、贫富差距和南北差距拉大等世界性发展难题，面对的是全球增长动能不足、全球经济治理滞后和全球发展失衡等经济社会发展困境。在这样的背景下，唯有创新发展理念，转变发展方式，才有可能使世界经济和社会发展获得根本性的转变和突破。"创新、协调、绿色、开放、共享"的新发展理念，作为中国改革开放40余年的经验与启示，必将对人类命运共同体的构建起到引领作用。深度发掘新发展理念在构建人类命运共同体进程中的独特价值，对建立公正合理的国际秩序、实现共赢共享目标具有重大的现实意义。

在人类科技重大突破陷入阶段性瓶颈的当下，人类获取新增资源的难度越来越大，存量资源的稀缺性由此凸显。在这种情况下，凭借历史因素和现有优势，从而占据了大量存量资源的先发国家，对后发国家的戒备和遏制意愿是很难避免的。美国作为全球最大的既得利益者，通过全球化规则和秩序的设定，为自己垄断主要资源、占据核心优势提供了制度性的保障和支撑。中国通过自己的努力，实力逐渐攀升，一步一步地打破了传统全球化秩序给后发国家设定的屏障。

全球化为世界经济的发展做出过巨大的贡献，保护主义和孤立主义经过历史的验证具有极大的劣势。全球供应链将变得更加"去中心化"、更加复杂，各个国家在贸易之外也需要寻找其他的目标来支撑更多合作的进行。

2. 活动开展

（1）活动准备：设置国家代表、主席、主席助理及志愿者四个角色供同学们选择，对本次议题进行表述和讨论思考。

（2）主题：美国制裁华为，逆全球化的兴起。

（3）流程：首先由主席召集代表就座，主席助理点名，代表被点到时，应高举国家牌并答"出席"。

各代表有120秒的发言时间，发言过程中其他代表禁止讨论，如需二次发言可通过志愿者传递纸条给主席，一轮发言完毕后可以进行二轮发言。

正式辩论结束后，主席将询问场下有无问题或动议，以问题优先，之后开始非正式辩论。

结束辩论后需要对修正案或决议草案进行投票，邀请两位赞成及两位反对的代表交替发言阐述理由，赞成该动议的第一位代表首先发言，依次轮换，每位代表发言时间 90 秒。交替发言结束后，各代表开始对此投票。投票超过三分之二有效。

【知识总结】

1. 要认识到经济全球化发展过程中，机遇与挑战并存

国际合作是指各国际关系行为体之间在一定的领域和范围内，在利益和目标基本一致的基础上进行的一定程度的协调和联合。随着全球化的发展，国家之间的联系日益密切，相互依存关系日益加强，导致各国在全球性治理方面的共识增多，甚至可以超越政治经济与社会制度的差异而形成新的共识。

以中美贸易为例，中美两国的贸易互补性很强，因此贸易往来日益密切。但是发达国家和发展中国家的地位不对等，意识形态存在冲突，强权主义和霸权主义严重影响了经济、贸易的全球化进程。

2. 要以矛盾思维推进全球化的进程

（1）在对立中把握统一。全球化过程本质上是一个内在的充满矛盾的过程，它是一个矛盾的统一体：它包含一体化的趋势，同时又包含分裂化的倾向；既有单一化，又有多样化；既有集中化，又有分散化；既有国际化，又有本土化。

（2）在曲折中求发展。全球化本身是一个特殊的历史发展进程，发展不可能是一帆风顺的。诸如美国等多次加征关税、退出国际组织等，在 21世纪都是逆全球化潮流的行为。我们要秉持我们的发展方向，坚持我们的道路不动摇，在曲折中看到全球化的趋势不可动摇。

【活动引入二】设计贸易方案

实例：2020 年新冠肺炎疫情期间钢铁的贸易干涉行为

在 2020 年年初新冠肺炎疫情下，全球贸易遭受挫折。随着欧盟经济逐渐恢复，欧盟计划修改其钢铁进口限制措施。欧盟此举的目的是防止此前美国对进口钢铁征收 25%的关税，将全球钢铁供应转移到欧洲从而导致欧洲钢铁供应大幅度过剩。欧盟的"保障措施"涉及对欧盟进口的 26 种钢材征收 25%的关税，这些钢材的运输量超过 3 年平均水平，包括热轧不锈钢、冷轧薄板、螺纹钢和铁路材料。

在同一时间，沙特阿拉伯等国也表示计划将各种钢材的进口关税税率提高到世界贸易组织（WTO）许可的最高"约束税率"水平。从 2020 年 6 月 10 日起，方坯进口关税将从 5% 上调至 10%；热轧不锈钢关税将从 5% 上调至 10%～15%，具体税率视不同品种而定；涂镀钢材的进口关税将从 5% 上调至 12%～15%；线材的进口关税将从 10% 提高到 20%；对螺纹钢的关税将从 10% 提高到 15%。

而 2020 年，美国成品钢材进口总量预计将为 1 745.6 万短吨，较 2019 年的全年进口量 2 105.1 万短吨下降约 17.1%。同时，美国钢铁产品进口总量可能从 2019 年的 2 793.7 万短吨微跌 1.4% 至 2020 年的 2 755.6 万短吨[①]。

显而易见，作为一种贸易保护主义的措施，它体现了一种间歇性的保护行为，特点是准入壁垒较高。之前，美国也对中国钢铁进行了反倾销的调查。早在 2017 年，美国就对来自中国的钢铁征收超 75% 的关税，而这样的做法来源于美国 4 家钢铁公司（美国 AK 钢铁公司、美国阿勒格尼·路德卢姆公司、北美不锈钢公司和奥托昆普集团不锈钢公司）要求美国商务部对中国的钢铁进行反倾销调查的上诉。

最终，美国商务部裁定中国企业补贴幅度为 75.6%～190.71%，倾销幅度为 63.86%～76.64%。

学生思考：

Q1. 在疫情期间，欧盟和沙特等国家提升钢铁进口关税的原因是什么？

Q2. 为什么会出现反倾销调查的贸易现象？

Q3. 为什么美国钢铁产品进口总量会逐渐下降？

概念解释

贸易保护主义（trade protectionism）：是指在对外贸易中实行限制进口

---

① 美国钢协预测今年美国成品钢材进口量或将大幅下降[EB/OL].（2020-06-05）[2021-12-12].https://gc.mysteel.com/20/0605/11/M8A39A52AF7A24206.html.

以保护本国商品在国内市场免受外国商品竞争，并向本国商品提供各种优惠以增强其国际竞争力的主张和政策。贸易保护主义采取的主要方式有绿色壁垒、技术壁垒和反倾销、反补贴等。贸易保护主义在限制进口方面主要采取关税壁垒和非关税壁垒两种措施。前者主要通过征收高额进口关税阻止外国商品的大量进口；后者则包括采取进口许可证制、进口配额制等一系列非关税措施来限制外国商品自由进口。

关税（customs duties，tariff）：是引进出口商品经过一国关境时，由政府所设置的海关向其引进出口商所征收的税收。

鼓励对外贸易发展的相关措施举例

出口鼓励政策　出口管制措施

出口补贴　经济特区　单方面出口管制

出口信贷　政策奖励　多边出口管制

商品倾销　设立贸易中心

对外投资　设立市场调研机关

【设计贸易方案】（用时 40 分钟）

在 2020 年疫情期间钢铁贸易干涉行为背景下，我国需要制订相关鼓励和刺激钢铁对外贸易的方案。

如果你是我国的商务部部长，为了发展国家经济，请你设计相关方案。（20 分钟）

设计好后与大家进行交流。

【知识总结】 如何应对贸易保护主义

（1）要积极应诉，保护自己的正当权益；

（2）要有规则意识和利用世贸组织规则的本领，要有经济安全的防范意识，有应对别国反倾销和反别国倾销的策略；

（3）推动国内国际经济双循环；

（4）贯彻"创新"发展理念，掌握核心科技。

材料一：

贸易保护是一种常见的国际经贸往来的政策，其目的之一是发展工业，运用的手段主要是关税手段。但是随着历史的发展，贸易保护政策的重点似乎也在变化，从现在来看，贸易保护主义的对象从对国家经济有重要意义的幼稚产业转向附加值较低的工业。

中国一直是国际钢材出口大国，然而在原料进口依赖度高、出口结构不合理、贸易大环境不断恶化、国际市场贸易摩擦的影响下，我国钢材进出口受到了新的挑战。2019 年 12 月钢材出口量为 468.4 万吨，全年出口量为 6 429.3 万吨，较 2018 年全年的 6 933.5 万吨减少约 7.3%。

在全球化和国际贸易体系的影响下，中国钢铁行业近年来不断遭到冲击，虽然在不断努力改变生产结构、调节产能，但仍然面临严峻的考验。如何应对各国对于钢铁行业各怀目的的贸易干涉，是摆在中国钢铁行业面前的问题。

材料二：

加快构建以国内大循环为主体、国内国际双循环相互促进的新发展格局，是应对新发展阶段机遇和挑战、贯彻新发展理念的战略选择，也是事关全局的系统性、深层次变革，需要从全局高度准确把握和积极推进。以国内大循环为主体、国内国际双循环相互促进，其核心要义是充分依托我国超大规模市场优势，培育和挖掘内需市场，推动产业结构优化和转型升级。为此，要坚定维护多边贸易体制，将国内经济融入经济全球化当中，实现国内循环和国际循环相辅相成、相得益彰、相互促进。

第一，以国内大循环为主体并不排斥国际循环，而是会促进国内国际双循环。经济循环是指产品或生产要素以供求关系为导向，在市场上进行优化配置的过程。根据地理范围不同，市场可以分为国内市场和国际市场，因此经济循环也被分为国内循环和国际循环。事实上，在开放的全球经济大背景下，国内市场和国际市场很难割裂开来，它们是相互融合、相互促进的。从产品市场来看，扩大内需会同时带来本国商品和进口商品的消费增长。从生产要素市场来看，国内大循环会带来各种生产要素的优化配置，并会按照具体情况，适时适度地面向国际获取和输出一些生产要素。国内循环和国际循环是经济系统中相互依存、相互融合的两个方面，以国内大循环为主体，非但不会限制国际循环，反而会促进国际循环，而且能够实现国内国际双循环相互促进。

第二，以国内大循环为主体并非"闭关锁国"，而是以高水平对外开放打造国际合作和竞争新优势。改革开放是我国经济社会发展取得巨大成就的重要法宝，更是实现中华民族伟大复兴的关键一招。在新形势下，我国要进一步敞开大门，实行高水平对外开放。长期以来，我国有些产业依赖于外需的重要原因在于，这些产业被长期锁定在产业链低端环节，只能依靠大规模出口低附加值产品来获得微薄利润。现阶段，强调以国内大循环为主体，就是要改变这种状况，实现供需平衡，其实质就是要优化生产要素配置，打造现代产业体系，实现产业结构调整和升级，以高水平对外开放打造国际合作和竞争新优势。

第三，以国内大循环为主体并非应急之策，而是适应经济发展阶段变化的长期战略。过去，我国主要依靠外延式增长打造完整产业体系，使经济规模迅速扩大；发展到今天，必须依靠内涵式增长，通过全要素生产率的提升实现经济高质量发展。从长期来看，以国内大循环为主体，贯彻新发展理念，是实现经济高质量发展的重要手段。进入新发展阶段，科技创新和制度优化将越来越成为经济增长的重要动力；生态环境将持续改善，经济发展不再以牺牲资源环境为代价，节能环保产业成为支柱型产业之一，绿色消费成为内需市场的重要组成部分。同时，还会通过深化收入分配制度改革，推动形成合理有序的收入分配格局，让改革发展成果更多更公平地惠及全体人民，为保持经济长期稳定发展夯实重要基础。

第四，以国内大循环为主体并不会带来"内卷化"，而是有助于提高自主创新能力。以国内大循环为主体、国内国际双循环相互促进，非但不会导致个别学者所担心的经济"内卷化"，反而有助于形成以自主创新为导向的创新型经济体。首先，破除制约生产要素流动的各类障碍，会更好地发挥市场机制的决定性作用，实现资源的自由流动和优化配置。其次，我国加大对高新技术产业和"新基建"等领域的投资，能够形成对生产要素的引导效应，实现转型升级。再次，有利于促进创新要素充分流动、构建创新产业体系、搭建创新平台、提高创新活力、优化创新环境，从而提高我国自主创新能力。

三、课后复习

（一）课后延伸

绿色贸易壁垒是指在国际贸易活动中，进口国以保护自然资源、生态环境和人类健康为由而制定的一系列限制进口的措施。课后查阅相关资料，思考绿色壁垒对国际贸易有什么影响。

（二）教学反思

（1）教学中要更多地转变教师角色，师生合作学习。根据新课程的要求，教师由传统的知识传授者转变为学生学习的组织者；教师成为学生学习活动的引导者，而不再是主导者；教师应从"师道尊严"的架子中走出来，成为学生学习的参与者，师生共同学习，共同进步。

（2）国际贸易部分涉及的知识点比较宽泛，要注意调动学生的学习积极性、主动性，以饱满的热情感染学生。

（3）教学评价略微单一。在教学活动中要更多地进行多元化评价，不局限于对教师的评价，鼓励学生进行自我评价、同学互评。

（4）根据学生提供的反馈信息，及时调整教学策略。我们在设计教学方案时，应该想想：学生已有哪些生活经验和知识储备？怎样依据有关理论和学生实际设计易于为学生理解的教学方案？学生在接受新知识时会出现哪些情况？等等。备课时，尽管教师会预备好各种不同的学习方案，但在实际教学中，还是会遇到一些意想不到的问题，如学生不能按计划时间回答问题、师生之间以及同学之间出现争议等，教师要根据课堂反馈，及时调整教学策略。

（三）资源素材

1. 从海外港口建设看中国作为

"一带一路"倡议提出后，中国参与建设和运营了多个重要的国际深水港口，这些港口分布于亚、非、欧三大洲多个重要国家和战略要地。如巴基斯坦的瓜德尔港、缅甸的皎漂港、希腊的比雷埃夫斯港等。今天我们就以巴基斯坦的瓜德尔港为例谈谈其战略意义和国际影响。

2. 意义重大的瓜德尔港

瓜德尔距全球石油运输主要通道霍尔木兹海峡只有约 400 千米，利用中亚与该港口相连的公路与铁路，中国有望开辟一条往新疆等西部地区输送能源的通道。外界关于中国援建瓜德尔深水港旨在破解"马六甲困局"的分析甚嚣尘上。中国 60% 的能源补给来自中东，80% 的石油进口经过马六甲海峡。

（1）可以把中巴彻底绑定在一起，双方会由以前亲密的朋友关系变为血肉相连、生死与共的亲人关系。

（2）授巴基斯坦以"渔"。这个大动脉就是巴基斯坦致富的源泉，中国在腾飞的同时，自然带动巴基斯坦一起发展。又由于这种援助方式不是直接的物质援助（施舍），这使得巴基斯坦感到受到了尊重，其向心力会更强。

（3）直接断掉美国的幻想（即美国想将巴基斯坦纳入自己的麾下，或者搞乱巴基斯坦，为中巴合作制造障碍）。这条路通了，其背后的意义是不言而喻的，即中国不会让任何国家插手巴基斯坦国家事务，巴基斯坦一些派别也不会左顾右盼，或者对美国存在幻想。印度更不敢对巴基斯坦进行军事打击。

（4）伊朗心里也会踏实很多（因为中—巴—伊这条通路对谁都很重要，直接关系到中东战事—起友军能否及时支援伊朗），伊朗反美更有底气，油田让中国开采更加放心，中东其他国家也会更加靠近中国。

（5）当然，对中国自身的经济意义也是不言而喻的，这相当于给中国平添了一个大动脉，其直接辐射到达南亚、中东、非洲。而且，这大大减轻了中国对马六甲海峡的依赖，东盟国家也会更加看中国的脸色行事（因为中国可以走马六甲海运，也可以走巴基斯坦这条铁路，马六甲周边国家会转入被动）。

（6）瓜德尔港建成后，不仅会带动贫困落后的俾路支省乃至整个巴基斯坦的经济发展，还将成为阿富汗、乌兹别克斯坦、塔吉克斯坦等中亚内陆国家最近的出海口，担负起这些国家连接斯里兰卡、孟加拉国、阿曼、阿联酋、伊朗和伊拉克等国甚至与中国新疆等西部省份的海运任务，成为地区转载、仓储、运输的海上中转站。

（7）中国为得到稳定的能源供应，对瓜德尔下足了功夫。在美国压倒性的影响下，在发生紧急状况时，马六甲海峡有可能被封锁，而且作为主要运输航道的马六甲海峡不时有海盗出没。因此，中国试图通过连接瓜德尔和中国新疆维吾尔自治区的输油管道保证资源供应安全。

3. 关于"一带一路"的观点

目前"一带一路"倡议提出将近10年，不同国家和地区对此有不同的认知和态度，甚至某些国家还有一定的猜疑甚至敌视，不过事实胜于雄辩。让我们一起来看看它所取得的初步成效。

亚西鲁（斯里兰卡"一带一路"组织联合创始人）："在一个国家创造20万个就业岗位意味着重大的经济转型和升级，我相信这是任何国家都希望看到的。"

唐迈（英国萨塞克斯大学荣休教授）："我所看到的中国和我所理解的'一带一路'，在国际舆论场里，却时常变成另一番样子。"

约翰·阿萨福-阿贾耶（加纳非洲经济转型中心研究主任）："'一带一路'倡议并非中国试图主导全球贸易的工具，而是切实地为沿线国家和地区创造着双赢的契机。"

近日，中国"一带一路"网专访了多位海外智库专家，了解了他们及其国家民众眼中的"一带一路"。这些专家来自世界各地：有"一带一路"重要项目所在国斯里兰卡专家亚西鲁，他以曾被西方攻击的汉班托塔港项目为例，讲述为什么"一带一路"不是债务陷阱；有走访过很多发展中国家，同时在中国生活多年，有亲身经历的"中国通"唐迈，他认为中国将成功的发展经验融入了"一带一路"，为发展中国家带去了实实在在的好处；还有西班牙专家苏傲古，他从中西合作出发，指出"一带一路"不只属于某一个国家或者只关乎欧亚大陆，而是属于全球、属于世界。这些专家用自己的亲眼所见和研究成果，证明了"一带一路"倡议的高瞻远瞩。

借助"一带一路"这个巨人肩膀推动疫后复苏

当前全球抗疫形势仍然严峻,"一带一路"沿线国家,尤其是中亚各国,正面临巨大挑战。应对危机,中亚国家可以站在"巨人"肩膀上,"一带一路"倡议便是这个"巨人"。目前,各国都在应对疫情带来的经济停滞,经过封锁后,正在逐步重新开放经济,各国可以借鉴中国经验,刺激国内需求,促进国内经济增长。

美国当局对待"一带一路"的态度①

华盛顿正在千方百计削弱中国。凭借持续不断且不可阻挡的增长,后者可能将在几年内成为世界第一大经济体。近几年来,美帝国主义霸权在经济和军事领域均丧失了很大空间,已经无法再将其图谋强加于世界其他国家。针对中国,特朗普领导的美国上一届政府频频发难,试图阻止这个亚洲巨人的前进步伐,而拜登领导的现任美国政府延续并扩大了这一政策,并设法拉拢欧盟国家。拜登致力于广泛的外交努力,以打造更强大的"反华阵营"。他认为中国是与美国争夺世界霸权的对手。

美国对北京在各个领域的进展感到"困惑和不安",尤其是对"一带一路"倡议更是如此。通过这一倡议,中国向有关国家提供了"软贷款",帮助它们改善经济状况,提升基础设施建设水平。除了促进可持续发展,"一带一路"合作还加强了不同文明之间的文化交流和联系。参与"一带一路"合作的国家和地区不用再依靠国际货币基金组织和世界银行提供的苛刻贷款。

美国智库如何评价"一带一路"②

当前,"一带一路"倡议在全世界获得积极回应的同时,一些发达国家特别是美国仍对其表示猜疑,因此了解美国的真实态度和战略考量尤其重要。研究发现,美国智库在对待中国的"一带一路"性质和目标上是存在很大分歧的,有些还尖锐对立,因此,我们不能以铁板一块的思路看待美国对待"一带一路"的态度。进一步看,从美国智库对华身份多重定位

---

① 西媒文章:美国无法阻挡中国前进脚步[EB/OL].(2021-07-14)[2021-12-12].https://view.inews.qq.com/a/20210714A03S0J00.

② 吴文成.美国著名智库对"一带一路"的认知分歧与美国对华多重身份定位[EB/OL].(2018-08-15)[2021-12-12].https://www.sohu.com/a/247292070_618422.

来看，美国对华战略大辩论仍未终结，美国对华身份定位仍然处于未定之中。冷战结束后，无论是"战略竞争者"还是"利益攸关方"，抑或"负责任的全球领导者"等言论，都表明美国战略界整体上仍然延续了美国对华非敌非友身份的定位，而正是基于冷战后对华身份的稳定判断，美国一直推行防范与接触并用的战略路线。在美国战略家眼中，中国的国家身份既是贸易国家，又是地缘政治博弈者，还可作为全球化支持者。最新的兰德公司报告对中国国家身份的判断就很好地体现了这一点，它认为在过去20年里，中国的行为表现并不像当前国际体系的反对者或破坏者，而是一个"有条件的支持者"。

主题六

财富与责任

[主题解读]

1. 理论依据

本主题依据中国财经素养协同创新中心发布的《中国财经素养教育标准框架》（高中）"维度五：财富与人生"中的要求编写。

2. 现实依据

马克思主义劳动价值观认为：劳动创造美好生活，人生真正价值在于对社会的责任和贡献。党的十八大以来，习近平总书记反复强调要引导学生树立正确的人生财富观，让青少年学生热爱劳动，正确理解财富与责任，脚踏实地，重在行动。然而，当下社会价值观呈现出多元化取向，青少年学生易受一些不良诱惑的影响，部分学生的责任意识较为淡薄，对财富与责任的理解"窄化"，在思想和行为上表现出急功近利、自私自利、怕苦怕累等趋向，亟须引导学生真正理解财富与责任的本质内涵：追求财富既是人的本性，又是社会进步的杠杆；一个人的财富值一定跟他的责任心和所承担的责任大小成正比；能力越强，财富越多，责任越大。合理追求财富，正确处理财富和责任的关系，对个人、国家和社会的发展尤为重要。

　　本课旨在引导学生认识和处理财富与责任的关系。认识创造个人财富、创造富足安康的社会是国家和公民的责任；在财富管理中承担责任，关注他人、国家和社会，形成正确的财富观，将财富与利己、利他、利国、利人类相结合。

第九课　财富积累与责任担当

一、课前准备

（一）资料准备

1. 教师准备

相关视频资料、活动奖励小卡片。

2. 学生准备

查找张桂梅、范蠡的故事材料。

（二）设施准备

多媒体教室。

（三）教学设计

1. 教学目标

（1）必备知识目标：了解财富管理对家庭、社会和国家的重要意义；理解财富与责任的关系。

（2）关键能力目标：培养学生对财富的管控能力，能够运用财富造福国家、人民。

（3）财经素养目标：通过本课教学，引导学生从国与家的视角分析创造财富的意义，要用财富去利己、利他、利国、利人类。懂得创造富足安康的社会是国家和公民的责任。

（4）核心价值目标：树立正确的财富观、责任观，培养青少年社会责任意识。

2. 教学框架

财富与责任 { 认识财富与责任的关系
领会财富与责任担当
感悟财富与责任统一
拒绝空谈，担当责任

3. 教学重难点

（1）认识财富与责任的关系；

（2）培养学生的责任担当意识。

4. 教学建议

（1）采用视频引入，探讨财富与责任的深层意义。

（2）开展课堂微辩论，深入学习责任的意义。

二、课程中的教学安排

（一）核心知识点一：说文解字，理解财责关系

【图片导入】说文解字

展示图片"财"与"责"字的演变。

问题1：从"财""责"的演变历程谈谈它们的本意分别是什么。

问题2：请结合生活实际，谈谈你理解的财富与家庭、国家的关系。

"财"即钱和物资的总称。"责"即责任、分内之事。获得财富的方法简单来说就是承担责任，多承担责任，承担对自己、对家人、对伙伴、对企业、对社会、对国家的责任；承担责任越多，就会越富有。天下兴亡匹夫有责，人生的价值在于对社会的贡献，在于对社会的责任。

（二）核心知识点二：榜样示范，领会财责担当

【材料呈现】探究范蠡的经商之道

范蠡事越王勾践，既苦身勠力，与勾践深谋二十余年，竟灭吴，报会稽之耻，北渡兵于淮以临齐、晋，号令中国，以尊周室，勾践以霸，而范蠡称上将军。还反国，范蠡以为大名之下，难以久居，且勾践为人可与同患，难与处安，为书辞勾践曰："臣闻主忧臣劳，主辱臣死。昔者君王辱于会稽，所以不死，为此事也。今既以雪耻，臣请从会稽之诛。"勾践曰："孤将与子分国而有之。不然，将加诛于子。"范蠡曰："君行令，臣行意。"乃装其轻宝珠玉，自与其私徒属乘舟浮海以行，终不反。於是勾践表会稽山以为范蠡奉邑。

范蠡浮海出齐，变姓名，自谓鸱夷子皮，耕于海畔，苦身勠力，父子治产。居无几何，致产数十万。齐人闻其贤，以为相。范蠡喟然叹曰："居家则致千金，居官则至卿相，此布衣之极也。久受尊名，不祥。"乃归相印，尽散其财，以分与知友乡党，而怀其重宝，间行以去，止于陶，以为此天下之中，交易有无之路通，为生可以致富矣。於是自谓陶朱公。复约要父子耕畜，废居，候时转物，逐什一之利。居无何，则致赀累巨万。天下称陶朱公。[①]

项目式学习问题：范蠡有过几次人生转折？

教师：展示范蠡经商之道的精髓

经商之道一：诚信

这一条相信自古以来皆是如此。如果没有诚信，只有欺诈和卑鄙的伎俩，相信经营可以获得一时之利，却难以长久。想要获得长久的利益，坚持诚信是一件非常重要的事情。

经商之道二：不赚取暴利，还利于民

能做到这一点，在利益面前不迷失自己，古往今来都没有几人。《史记》中记载范蠡"逐十一之利"，用白话文说，就是范蠡只追求十分之一的利润。换句话说，他这个人经商非常厚道，不牟取暴利，而是给老百姓

---

① 余耀华. 范蠡：从兵家奇才到东方商圣 [M]. 北京：新华出版社，2012：3—8.

方便。

经商之道三：质量第一

范蠡在经营农业和养殖业的时候，非常注重产品的质量，绝不会为了蝇头小利而盲目扩张、以次充好。

经商之道四：布施于民，慈善为本

范蠡在经营中获得巨大财富之后，愿意拿出自己的份额来重新投入社会中去。这是不忘本的行为。

"事了拂衣去，深藏身与名。"这是李白为范蠡写的两句诗。范蠡在商场，三次成为首富，被后世尊为"商圣""财神"。范蠡作为我国传统"富翁"的典型代表，一生合理追求财富，积极参与财富的管理，三次散尽钱财，回馈社会。史书评价范蠡是华夏五千年绝无仅有的完人。范蠡用一生践行了财富与责任的统一。

【故事呈现】"燃灯校长"张桂梅的事迹①

播放"燃灯校长"张桂梅的短片。

问题：短片中的哪一幕让你深受触动？对你有什么启示？

张桂梅拥有充满挫折的人生经历，拥有不向命运低头、不向病魔低头的经历，更有甘愿扎根贫困地区一心为了学生的经历，这样的人格魅力以及不折不挠、百折不屈的精神，都为世人所称道。华坪女中有了张桂梅，学生有了希望，是张桂梅的精神激励着这些学生更加勤奋读书，更激励千千万万的国人，我们相信未来还会有更多像张桂梅一样的人出现，激励国人奋勇前行！

张桂梅的事迹让我们泪目的同时，也让我们对如何处理财富与责任的关系有了进一步的认知。

（三）核心知识点三：深度思辨，感悟财责统一

【课堂微辩论】责任、奉献与谁有关？

教师展示辩论观点及微辩论规则：

---

① 总台记者微党课｜王宁倾情讲述"七一勋章"获得者张桂梅的感人故事［EB/OL］.（2021-07-01）［2021-12-12］.https://www.cctv.com/2021/07/01/ARTI8WlspkMm5vtlaapHS8Hb210701.shtml.

甲方：普通人很难积累起范蠡所拥有的财富，也很难达到张桂梅老师那样的高度，所以尽责和奉献与己无关。

乙方：虽然普通人很难积累起范蠡所拥有的财富，也很难达到张桂梅老师那样的高度，但是尽责与奉献可以从力所能及的事情做起，人人有为。

规则：课堂微辩论，全班分为两大阵营，赞同正方的同学为一阵营，赞同反方的为一阵营，5 分钟时间内两大阵营的同学分别寻找论据，时间到之后，两方开展微辩论；两方各选取 5 名同学作为主要论据阐述者，一一进行微辩论，其余同学做补充。双方各派 3 名同学运用"智慧课堂"或黑板将本方主要论据进行条目式板书。在准备活动中，同学们可自由使用手机和电脑。

（说明：老师进行引导，尽量使两大阵营的同学人数大致相当；若出现特殊情况，比如一方人数太多，则老师自动成为对立方阵营的人员，参与对立方论据寻找。）

财富与责任是统一的，我们每个人都是财富的创造者，承担社会责任需要物质基础，但更需要大家有一颗承担社会责任的心，并在具体的生活实践中做力所能及的事情。

（四）核心知识点四：不尚空谈，担当社会责任

【问题导入】新时代的青年如何担当社会责任？

播放视频《请党放心，强国有我》①。

活动内容：结合实际情况及短片内容，在强国有我背景下，新时代的我们应如何担当社会责任？我们能够做什么？我们应该如何做准备？请围绕"新时代的青年如何担当社会责任"撰写一份演讲提纲并分享。

同学们，社会为每个人实现价值提供了客观条件，个体所拥有的资源量应该与社会责任成正比。强国有我们，需要我们把个人、家庭与国家、社会结合起来，提升个人的财富规划和管理能力，增强获得感和幸福感。

---

① 听共青团员和少先队员的心声：请党放心，强国有我！[EB/OL].（2021-07-01）[2021-12-12]. http://baijiahao.baidu.com/s? id=1704045690507050940.

同时，我们更应该具有一种大爱精神，为社会进步、国家和谐发展做出应有贡献，树立正确的人生观、财富观。

三、课后复习

（一）课后延伸

1. 根据课堂小提纲，完善演讲稿，择优展示。

2. 财富与责任的统一给我们的启示：人生真正的价值在于对社会的责任和贡献。为弘扬"奉献、友爱、互助、进步"的志愿者精神，进一步引领全校青年学生增强责任意识、担当意识，请你为全校制订一个活动计划。

3. 要求：

（1）为本次活动拟定适宜的名称；

（2）说明开展此次活动的目的和意义；

（3）阐明本次活动的具体内容并设计有特色的活动形式；

（4）150 字以上。

（二）教学反思

新课程改革要求教师在教学中以学生为主体，唤醒学生的主体意识，充分发挥学生的主体作用。教学实践也证明：学生的主体意识愈强，他们在参与学习活动中实现自我的自觉性愈大，从而也就愈能在教育活动中发挥自我的能动作用，调整自身知识结构、心理状态和行为方式。但目前的财经素养教学并未到达这一要求，要么给予学生过多自由，要么仍以教师为主体进行教学。显然，采取这两种方式都不可能真正发挥学生的主体作用。实际上，课堂教学是师生共同活动的过程，教师在教学活动中要发挥主导作用，学生必须在教师的引导下发挥主体作用。那么，怎样才能在财经素养教学中真正发挥学生的主体作用呢？一方面，教师要改变自我角色，由课堂主演变为课堂导演，由课堂控制者变为学生学习的启发者、引导者，以充分调动学生的主观能动性；另一方面，教师要将课堂主动权还给学生，为学生创造主动参与的机会，如精心设计一些问题，让学生动脑思考、动手操作、合作讨论，从而创造性地解决问题，获得知识和发展能力。需要注意的是，将课堂还给学生并不等于对学生放任不管，教师只是由课堂控制者变为了学生学习的监督者，在学生学习的过程中仍要起到点拨、启发、引导、监督的作用，为学生的学习保驾护航。

（三）素材链接

素材 1. 分享扶贫故事，宣传中国形象——陈贝儿

陈贝儿在节目《无穷之路》中穿梭于全国六个省份，包括四川、云南、宁夏、海南、广西及贵州，从全国最南部的热带雨林，走到云贵高原的大峡谷，踏进大西北戈壁沙漠，进入川藏高原，深入十个贫困县，了解各地民生，分享成功脱贫的故事。口碑载道的《无穷之路》除了在中国香港地区取得理想收视成绩之外，海外观众亦好评如潮。

素材 2. 国货之光——白象方便面

拒绝日本投资入股只为企业 1/3 的残疾人员工能够继续正常工作。这家企业就是白象食品股份有限公司（简称"白象"），老板是位极具社会责任感的退役军人——被誉为"食品界的任正非"的姚忠良。姚忠良任白象食品股份有限公司党委书记、董事长兼总裁。他 1962 年生于河南平舆，18 岁当兵，21 岁退役，当年接手"白象"时已经是河南省粮食厅的处级干部。

姚忠良为人正直、低调，有社会责任感。25 年时间姚忠良带领"白象"不断发展，"白象"是曾经国产方便面四大巨头中唯一一家没有外资入股的纯粹的民族企业，企业 1/3 的员工是残疾人，大家更愿意称呼他们为"自强员工"。

2021 年河南郑州发生洪灾，"白象"捐赠现金 500 万元，以及一批又一批的物资。这样的举动"白象"每一次都不会缺少，而且每一次都近乎倾其所有。2020 年新冠肺炎疫情暴发，"白象"向武汉雷神山医院捐献 300 万元和 2 000 箱方便食品。2013 年芦山地震，"白象"紧急为灾区人民提供物资。2010 年玉树地震，"白象"给灾区送去价值 30 万元的方便面并捐款 20 万元。2008 年汶川地震，"白象"捐款 159 万元，运送近 20 万包方便面到灾区……姚忠良最初接手时"白象"只有4亩地，产品滞销，债务缠身，亏损1 000多万元，5年换了5任领导。军人骨子里的刚强和冲锋陷阵的特质让他果断大胆创新。由此，他解聘不干事的老员工，吸纳想干事、有学历的"新鲜血液"，没有汽车、没有传单他就带头到大街上吆喝宣传，瞄准大中低价市场搭建细密的商品销售网络，终于让整个厂子"活"了过来。姚忠良接手"白象"后的第二年销售额就达到1亿元。2000年，"白象"成为全国最大的粮食系统制造企业。翻身后的"白象"吸引了众多投资方，发展方向也不再由姚忠良主导，于是他主动选择了退出。2001年，39岁的姚忠良进入中国人民大学深造，但等到他学成毕业时"白象"已到了非常窘迫的地步。

姚忠良决定再次回归并开启了长达5年的改制，甚至在"白象"一度濒临倒闭时他也仍坚定拒绝了日本人的资金入股。"只要有我在，即使饿死，'白象'也绝不可能会接受日本投资，因为一旦有日资进入，'白象'丢失的不仅是话语权，还有自主用人权，'自强员工'也将就此失业。"这是他作为军人的傲骨和担当。穷且益坚，做纯粹的民族企业，他带领大家自我突破求生，在夹缝中谋发展，一路奋斗至今。

在公益事业方面，"白象"也始终如一。前期捐建5所希望小学。在"春蕾计划"中，"白象"帮助近600名失学女童重返校园、完成学业。2007年"白象"向宋庆龄基金会捐款1 000万元设立"白象大学生救助基金"。2008年，"白象"成为西藏登山队战略合作伙伴，研制登山专用方便面"白象8848大骨皇"全力保障奥运圣火登上珠峰。

素材3. "绿化将军"张连印

河北省军区原副司令员张连印，退休后回到故乡植树造林。18年绿化荒山18 000多亩，植树200多万株，和乡亲们一起将昔日的荒山头建成如诗如画的美丽乡村。

这两天正是秋冬森林火险期，为了做好森林防火工作，张连印正忙着跟值班人员一同在林间巡查。张连印的故乡山西省左云县是典型的黄土丘陵区，常年受风沙侵袭。为了改善这里的生态环境，退休后的张连印没有在省城安度晚年，而是返回家乡，立志让左云县绿起来。可听说当了将军的张连印退休后要回家乡种树，乡亲们并不相信。面对质疑，张连印承诺：一不要林权，二不要地权，30年后生态建设成果全部无偿交还集体。

万事开头难，张连印和家人第一批栽种的1万棵树苗几乎"全军覆没"。为了搞清楚来龙去脉，他虚心向苗木专家请教，终于使沙化土地栽下的树苗的成活率达到85%以上。2011年，张连印被确诊为肺癌中期，随后几年，又相继查出脑梗、肺癌骨转移等多种病症。面对疾病的折磨，张连印没有畏惧退缩，病情稍有好转就又回到"战斗岗位"。

为人民谋幸福的路上没有终点，为了唤起全民绿化意识，张连印建起清风林党性教育基地，先后为省市县党政机关、各类学校和企业作报告200多场，他还优先吸纳贫困人口在造林基地务工，既促进了贫困人口增收，又促进了荒坡荒地增绿。

参考文献

本书编辑组，2015. 成长之道：理想与责任 [M]. 昆明：云南大学出版社.

陈理宣，刘炎欣，2017. 劳动教育与德智体美教育的基础关联和价值彰显 [J]. 中国教育学刊（11）：65-68.

陈英，2009. 企业社会责任理论与实践 [M]. 北京：经济管理出版社.

程恩富，汪桂进，2003. 价值、财富与分配"新四说" [J]. 经济经纬（5）：1-5.

道尼，2006. 标准普尔教你做好个人理财 [M]. 陈议，译. 北京：中国财政经济出版社.

费舍，拉维扎，2002. 责任与控制——一种道德责任理论 [M]. 杨绍刚，译. 北京：华夏出版社.

冯嘉慧，2019. 美国生涯指导理论范式研究 [D]. 上海：华东师范大学.

高莹，2021. 新时代青年社会责任感培养的现实意义、存在的问题与路径分析 [J]. 北京青年研究，30（4）：22-27.

顾建军，2020. 居家劳动也是一种教育 [N]. 人民日报，2020-03-13（5）.

胡君进，檀传宝，2018. 马克思主义的劳动价值观与劳动教育观——经典文献的研析 [J]. 教育研究（5）：9-15.

柯明斯，2016. 蜥蜴脑法则 [M]. 刘海静，译. 北京：九州出版社.

李加明，2014. 保险学 [M]. 上海：上海财经大学出版社.

梁文燕，2020. 思想政治课教学中培养高中生财经素养的研究 [D].

桂林：广西师范大学.

林雪贞，2019. 中国社会保障演进的历史维度和世界视野 ［M］. 北京：法律出版社.

刘次林，郑葳，2020. 高中财经素养教育（普通高中版）［M］. 北京：中国财政经济出版社.

刘丹，2017. 浅析霍兰德职业类型论的内容及其应用 ［J］. 人力资源开发（22）：133-134.

刘瑞晶，2015. 职业生涯规划：理论、案例与实训 ［M］. 北京：中国人民大学出版社.

刘镇玮，2017. 浅谈金融知识对高中生经济生活的影响 ［J］. 现代商业（35）：176-177.

罗能生，2006. 全球化、国际贸易与文化互动 ［M］. 北京：中国经济出版社.

人力资源和社会保障部养老保险司，2011. 人力资源与社会保障政策法规汇编 ［M］. 北京：中国劳动社会保障出版社.

宋怡先，2008. 辛勤劳动才能创造财富 ［N］. 团结报，2008-12-09.

檀传宝，2019. 劳动教育的概念理解——如何认识劳动教育概念的基本内涵与基本特征 ［J］. 中国教育学刊（2）：82-84.

习近平，2013. 习近平在同各界优秀青年代表座谈时的讲话 ［N］. 光明日报，2013-05-05（02）.

习近平，2013. 习近平在同全国劳动模范代表座谈时的讲话 ［N］. 人民日报，2013-04-28（02）.

习近平，2015. 习近平寄语全国各族少年儿童：美好的生活属于你们美丽的中国梦属于你们 ［N］. 人民日报，2015-06-02（01）.

夏江敬，汪勤，2017. 浅析优良家风家训中思想政治教育的意蕴 ［J］. 理论月刊（11）：127-131.

姚小林，2021. 陶行知"政富教合一"视域下高中生财经素养养成的实践思考 ［J］. 生活教育（22）：102-105.

易炳新，2017. 消费经济理论研究［M］. 北京：对外经济贸易大学出版社.

于戈，李珊，2010. 中外社会保障比较［M］. 沈阳：辽宁大学出版社.

袁雪平，2018. 投资与理财［M］. 北京：北京理工大学出版社.

张朝霞，2009. 劳动与社会保障法［M］. 武汉：华中科技大学出版社.

张建城，2018. 新时代高中生财经素养培育探析［J］. 中学政治教学参考（12）：14-15.

张双，2019. 初中《道德与法治》课程中的财经素养教育探究［D］. 开封：河南大学.

张彦，2011. 论财富的创造与分配［J］. 哲学研究（2）：10-14.

中共中央马克思恩格斯列宁斯大林著作编译局，2012. 马克思恩格斯选集：1 卷［M］. 3 版. 北京：人民出版社.

中共中央马克思恩格斯列宁斯大林著作编译局，2012. 马克思恩格斯选集：2 卷［M］. 3 版. 北京：人民出版社.

中共中央马克思恩格斯列宁斯大林著作编译局，2012. 马克思恩格斯选集：3 卷［M］. 3 版. 北京：人民出版社.

中共中央马克思恩格斯列宁斯大林著作编译局，2012. 马克思恩格斯选集：4 卷［M］. 3 版. 北京：人民出版社.

中国法制出版社，2018. 中华人民共和国社会保险法（实用版）［M］. 北京：中国法制出版社.

中华人民共和国教育部，2020. 思想政治必修 2·经济与社会［M］. 北京：人民教育出版社.

中央文献编辑委员会，1991. 毛泽东选集：1 卷［M］. 北京：人民出版社.

中央文献编辑委员会，1991. 毛泽东选集：2 卷［M］. 北京：人民出版社.

中央文献编辑委员会，1991. 毛泽东选集：3 卷［M］. 北京：人民出版社.

中央文献编辑委员会，1991. 毛泽东选集：4 卷 [M]. 北京：人民出版社.

朱曦，谭燕，权荔馨，2021. 财经素养教育对中小学生经济伦理品格提升的基本问题探讨 [J]. 教育科学研究（9）：81-86.

后 记

　　《中学生财经素养教育教学实践指导用书》由四川省成都市高新区财经素养教育项目组组织编写，成都石室天府中学校长唐宇、副校长李萍及成都石室天府中学政治教研组长兼高新区政治教研员苏聪丽担任本书主编。本书编者以中国财经素养协同创新中心发布的《中国财经素养教育标准框架》（高中）为指引，围绕中学生财经素养教育深入开展理论研究、调研实际情况、进行相应教育教学实践，在此基础上进行整理和撰写，以期能够更好地将财经素养教育理论应用到教育教学实践中，使财经素养教育更好地落地生根，以共享成果的形式，助力区域财经素养教育，惠及多方主体。

　　本书是高新区财经素养教育项目组集体劳动的成果。各主题的撰写分工如下：主题一 收入与消费，由苏聪丽（成都石室天府中学）、秦丽娜（成都石室天府中学）、颜永念（成都西藏中学）、郑瑶（成都西藏中学）执笔；主题二 个人消费与规划，由郑瑶（成都西藏中学）、颜永念（成都西藏中学）、田苏妹（成都石室天府中学）执笔；主题三 投资与风险，由苏聪丽（成都石室天府中学）、王凤君（成都市玉林中学）执笔；主题四 多层次的社会保障体系，由王凤君（成都市玉林中学）、向小琴（成都七中）、黎胤灵（成都市玉林中学）执笔；主题五 制度与环境，由雷秋艳（成都石室天府中学）、景刚（成都石室天府中学）、孙学强（成都石室天府中学）执笔；主题六 财富与责任，由许培培（成都石室天府中学）、向小琴（成都七中）执笔。

　　成都石室天府中学易莎、孙学强、李萍参与统稿、校稿，苏聪丽、唐宇负责统稿并定稿。

感谢中国财经素养协同创新中心的指导，感谢成都市教育科学研究院对高新区财经素养基地校的支持，感谢成都市教育科学研究院副院长谭文丽为本书撰写序言。感谢高新区教育发展中心对财经素养教育项目的支持和帮助，感谢高新区教育发展中心刘继红、李宇青对高新区财经素养教育项目的指导和支持。感谢成都石室天府中学唐宇校长工作室对本书出版的大力支持！

向所有为本书的完成提供支持与帮助的专家、高新区财经素养教育基地校的领导和教师一并致谢！感谢大家为高新区财经素养教育做出的努力和贡献！

感谢西南财经大学出版社为本书出版给予支持，感谢西南财经大学出版社大众文创中心副主任何春梅、责任编辑李才，感谢为本书出版付出辛勤劳动的所有人员！

本书涉及的专业知识较多，且经济社会的环境背景在不断变化，加之编者水平有限，书中难免存在疏漏和不当之处，恳请广大读者批评指正！

编者

2022 年 3 月